公司治理理论与实践研究

赵冬梅◎著

中国出版集团 | 全国百佳图书
中国民主法制出版社 | 出版单位

图书在版编目（CIP）数据

公司治理理论与实践研究 / 赵冬梅著 .—北京：中国民主
法制出版社，2024.1

ISBN 978-7-5162-3498-3

Ⅰ.①公⋯ Ⅱ.①赵⋯ Ⅲ.①公司－企业管理－研究
Ⅳ.① F276.6

中国国家版本馆 CIP 数据核字（2024）第 033242 号

图书出品人：刘海涛
出版统筹：石　松
责任编辑：刘险涛　吴若楠

书　　名 / 公司治理理论与实践研究
作　　者 / 赵冬梅　著

出版·发行 / 中国民主法制出版社
地址 / 北京市丰台区右安门外玉林里 7 号（100069）
电话 /（010）63055259（总编室）　63058068　63057714（营销中心）
传真 /（010）63055259
http: // www.npcpub.com
E-mail: mzfz@npcpub.com
经销 / 新华书店
开本 / 16 开　787 毫米 × 1092 毫米
印张 / 11.75　字数 / 200 千字
版本 / 2024 年 4 月第 1 版　2024 年 4 月第 1 次印刷
印刷 / 廊坊市源鹏印务有限公司

书号 / ISBN 978-7-5162-3498-3
定价 / 68.00 元
出版声明 / 版权所有，侵权必究。

Preface
前言 ———————————————————————————

全球化视野下，由于经济的高速发展，越来越多的中国公司开始走向世界，公司的治理问题也随之日渐凸显。在中国公司经营环境充满变数的情形下，公司若要在市场竞争中有着良好的发展，做好公司治理工作的工作意义就显得尤为重要。公司在发展的过程中，应积极推进内外部的治理机制，这对于公司的长远发展是有益处的。公司治理是一件系统的工作，具有有序性和高度性的特点，公司治理工作是整个公司稳定发展的重要力量。公司的发展不仅需要技术的支持，同样也需要治理的支持。公司治理工作进行得不好，对于公司的持续发展尤为不利，因此，做好公司治理的工作十分重要，治理工作若做不到位，公司的市场竞争力也将受到影响，由此可见公司治理的重要性极为突出。

本书内容一共分为七章。第一章的内容是公司治理的基础知识论述；第二章的内容是公司治理的理论基础论述；第三章的内容是内部公司治理的结构框架；第四章的内容是公司财务管理研究；第五章的内容是风险资本对公司治理的影响；第六章的内容是公司外部治理；第七章的内容是公司外部治理机制。

本书在编写过程中，搜集、查阅和整理了大量文献资料，在此对学界前辈、同人和所有为此书编写工作提供帮助的人员致以衷心的感谢。由于篇幅有限，加上编者能力有限，编写时间较为仓促，书中如存在不足之处，衷心敬请广大读者给予理解和指教！

Contents
目录 ————————————————————————————

第一章

公司治理的基础知识论述

第一节　公司治理概述

公司治理结构是现代企业制度的核心内容，它的合理与否是影响企业绩效的重要因素之一。公司治理政策对于投资者信心、资本形成和配置等广泛经济目标的实现，发挥着重要作用。公司治理的质量影响着公司获取其发展所需资金的成本，以及直接或间接的资金提供方对于是否能公平、合理参与并共享价值创造的信心。因此，良好的公司治理可以促进企业的股权结构合理化，使股东和其他利益相关者确信其权利受到保护，能加强企业的内部控制，降低资本成本，易于进入资本市场，增强企业的核心竞争力，提高企业的经营业绩，实现企业的可持续发展。

一、公司治理的发展历史

公司治理的现代实践源于 17 世纪的荷兰。历史上首次记录的公司治理纠纷发生在 1609 年世界上第一家正式上市的公司荷兰东印度公司（VOC）中，其股东 / 投资者（最著名的是艾萨尔·勒梅尔，Isaac Le Maire）和董事之间发生了严重的纠纷问题。

第二次世界大战（1939—1945）之后，美国的经济扩张，跨国公司的出现，使管理阶层逐渐发展壮大。哈佛商学院的几位管理学教授研究并撰写了关于新课程的内容:《新创业管理》（迈尔斯·梅斯，Myles Mace）、《战略与结构》（阿尔弗雷德·D.钱德勒，Alfred D.Chandler Jr.）、《组织结构与设计》（洛希，Lorsch）。根据洛希和麦克弗（Maclver）的说法，"许多大公司在没有充分问责或由董事会监督的情况下对商业事务拥有主导控制权"。20 世纪 80 年代，尤金·法玛（Eugene Fama）和迈克尔·詹森（Michael Jensen）将委托代理问题建立为理解公司治理的一种方式:公司被视为一系列契约。20 世纪 90 年代上半期，由于董事会首席执行官被解雇（如，在 IBM、柯达和霍尼韦尔中），美国公司治理问题受到了相当多的关注。21 世纪初期，安然和世通公司（WorldCom）的大规模破产（犯罪渎职）以及较少的公司丑闻导致人们越来越关注公司治理。《2002 年萨班斯—奥克斯利法案》就是在这一背景下通过的。

对于中国来说，中国现代公司治理的进程与 1978 年对外开放后中国资本市场的快速发展密切相关。20 世纪 80 年代，国有企业首次发行股票，带来了活跃的场外交易市场。1990—1991 年，正式的股票市场在上海和深圳启动。1992 年，有关国有企业公司化和上市的新指引也随之发布。中国国有企业首次赴海外上市是 1992 年 10 月在纽约上市，随后于 1993 年首次在（中国）香港上市。20 世纪 90 年代后期，中国公司治理改革势头强劲，但这与其说是亚洲金融危机的副产品，不如说是为了提高在海外上市的国有企业的治理水平。21 世纪初，中国针对上市公司的独立董事、季度报告和董事会治理等进行了一系列重大改革。自那时起，中国发生了巨大变化。在密集发布了一系列关于公司治理的政策之后，中国有关公司治理政策的发布节奏逐渐放缓。近年来，随着沪港通和深港通的开通，中国的股票市场掀起了又一波国际化浪潮，放松了对合格境外机构投资者（QFⅡ）的规定。虽然对外国投资者的资本控制和其他限制依然存在，但毋庸置疑，在可预见的未来，来自外国的各种投资必将在中国的公募和私募资本市场中扮演越来越重要的角色。

二、公司治理的产生根源

随着社会经济的发展，企业组织形式不断演变，现代公司出现股权分散化、所有权和经营权分离的重要特征，这些特征使得公司治理问题得以产生，成了公司的焦点与核心。

（一）股权高度分散化

随着企业组织形式的不断发展，公司股权结构经历了由少数人持股到社会公众持股，再到机构投资者持股的过程。股权分散化的结构，对经济运行产生了重要影响。在公司制度发展的早期，公司只有少数几个股东，股权结构相对比较集中，但是随着规模的扩大，公司的股权结构开始逐步分散，股票逐渐分散到社会公众的手中。后来，一些国家出现了机构投资人大量收购、持有股票。特别是以美国为代表的一些国家，机构持股得到了快速发展。这些机构持股后，也开始分散投资，因此也导致了公司的股权结构仍然是高度分散，美国最大股东所持公司的股份一般也在 5% 以下。

这种高度分散下的公司股权结构，可以促进企业的快速发展。首先，公司的股权分散代表持有股份的人数比较多，也就是进行投资的人比较多，而且需求方也会较多，那么股票买卖的交易就会相对更加活跃，股票的转让也会相对容易。在这样交易活跃的条件下，企业通过资本市场投资和融资的机会就会更多。其次，企业的终极所有权人可以利用较少份额的股份控制企业，而通过资本市场进行大规模融资，从而筹集到能够满足企业规模发展的大量资金。最后，高度分散的股权结构意味着相对较明确、清晰的产权关系，所有者的产权明晰会为资本市场的有效运行奠定良好的基础。

但是，企业股权高度分散也会对企业发展带来一些弊端。首先，股权分散化代表股东们较多，在公司决策、运行的过程中难以达成一致目标，这样会造成公司的治理成本较高。其次，股权分散化还会造成对公司经营人的监督弱化，大量的小股东由于股份较少，其监督的动力和能力都会相对弱化，这样的后果就是可能会造成公司经营者的内部控制问题。最后，分散的股权结构下，公司也容易处于被人收购的风险之中。例如，宝能收购万科的案例，就是股权分散结构下，公司被机会主义者掠夺的典型案例。万科这种由管理层控制的公司治理模式，若没有好的约束机制，就有可能出现"内部人控制"，在管理层有不尽职尽责的行为时，股东的利益会受到侵害，不利于公司的发展和股东利益的维护。

（二）所有权与经营权分离

在企业发展的过程中，资本家逐渐认识到人力资本和物质资本对企业的发展同样重要。资本家在拥有财务资本的同时，不一定拥有管理知识，管理知识成了日益稀缺的人力资本，在要素市场竞争中独立于资本与劳动，成为企业发展不可或缺的组成部分。人力资本理论认为，人力资本对企业发展的作用甚至远远大于物质资本，是企业发展的决定性因素。相对于由投资者自己来经营企业，他们更乐于去市场上聘请一些具有较强管理能力和丰富专业知识的人来经营企业，从而导致了企业所有权与经营权的分离。

现代企业的股东数量庞大、股权分散化，不可能由全体股东对企业进行直接的管理，必须把企业委托给经理人经营，导致了企业的所有权和经营权分离，股东就是委托人，而经理就是股东的代理人。股东拥有企业的所有权，而经理拥有企业的经营权。罗斯（Ross）提出，如果当事人双方，其中代理人一方代表委托人一方的利益行使某些决策权，委托—代理关系就随之产生了。现代企业中的股东会、董事会和经理层等之间形成了多重的委托—代理关系。在这些委托—代理关系中，代理人往往比委托人掌握更多企业的信息，从而造成了委托人与代理人之间的信息不对称现象。在委托人和代理人目标不一致的情况下，代理人很有可能利用自己所掌握的信息优势而做出危害委托人利益的行为。例如，经理人为了自身的利益，利用手中掌握的职权和企业信息，通过各种途径将公司的财产和利润转移出去，造成股东利益的侵犯。

第一本公司治理专著是阿道夫·A. 伯利（Adolf A. Berle）和加德纳·C. 米恩斯（Gardiner C. Means）在 1932 年出版的《现代公司与私有财产》。他们提出的"股权分散导致的两权分离"属于公司治理范畴；而经营管理决策权沿着管理层级的分权、授权，是公司管理的内容。他们认为管理权的增大将会损害资本所有者的利益。也正是 20 世纪 30 年代开始出现公司所有权和控制权的分离引起了人们对公司治理问题的注意。两种权利的分离对公司行为产生了一系列的影响，两种权利在两个利益主体之间进行分割，由此产生了公司行为目标的冲突。当然也有一些企业实现股份制以后，所有者仍然掌握着公司的控股权。例如，摩根、洛克菲勒、卡耐基等，不仅拥有摩根银行、标准石油公司、美国钢铁公司等大型企业的大量股票，还积极参与企业的经营管理。但现实中这样作为最大股东同时作为决策者身份的企业并不多见。大多数公司因为股份制的原因，成了公众公司，股票所有者一般没有参与公司的实际经营，在这种条件下就有可能出现激励不相容问题，即股东目标和经营管理者的利益目标发生偏离。20 世纪 60 年代以来，公司所有权与经营权的分离越来越严重。在美国，很多公司董事会中公司经理占了多数，受聘于公司所有者的管理者反过来最终控制公司的现象比比皆是。经理与股东不可能处处"一条心"，股东没有充分的渠道了解经理的行为，因此出现委托代理问题。20 世纪 80 年代，英国不少著名公司的相继倒闭，引发了对公司治理问题的重新讨论，很多学者认为公司治理的职责就是要制衡经理，或者控制股东，保护全体投资者的利益。

三、公司治理中的参与者

公司治理涉及公司管理层、董事会、股东和其他利益相关者等之间的一系列关系。

（一）公司治理的直接参与者

执行管理层、董事会、董事会专门委员会、监事会是主要负责公司治理的组织，他们都处在公司内部。

1. 执行管理层

投资者和债权人把公司的日常经营和活动都托付给执行管理层。

管理者和外部股东之间的代理冲突是最早受到人们关注的代理问题。股东和董事的效用函数并不一致，在经营中可能作出伤害股东利益的行为。董事会中股东、执行董事、独立董事的占比会影响到管理者与外部股东的代理冲突；同样，董事会成员的个体特征也会影响到他们的决策，从而影响到代理问题。

2. 董事会

董事会通常被认为是最重要的内部公司治理机制。毕竟，董事会的明确职能是代表其股东进行监督。董事会成员直接由股东任命，以确保管理层按照缺席的所有者的最大利益行事。董事会作为管理层的重要顾问来行使职权，但是除聘任和解聘高级执行官外，它并不参与公司实际上的日常经营，而是在确定公司经营财务和营销战略的过程中，利用其专长来帮助管理层。董事会还就沟通和财务报告向管理层提供咨询。如果运作有效，董事会就能够提供清晰、客观的指导，并监督管理层的业绩和行为。

3. 董事会专门委员会

对于上市公司，可设立战略、审计、提名、薪酬及考核等专门委员会。专门委员会的成员必须全部由董事组成，其中，审计委员会、提名委员会和薪酬与考核委员会中独立董事应占多数并担任召集人。审计委员会中至少应有一名独立董事是会计专业人士。

4. 监事会

在中国的"双会制"公司治理结构中，监事会是除董事会之外的第二个主体，其主要职责是代表股东"监督"董事会和管理层的工作。与德国模式相同的是，中国的监事会里也包括职工代表。然而，两者的不同之处在于，中国的监事会对董事和管理层的约束力非常有限，无权聘用或解聘首席执行官或总裁。在公司法文本中，监事会的位置排在董事会之后。监事会的规模也比董事会小得多，通常只有董事会的1/3左右，因此很难实现全面监督。实际上，监事会的作用以"监视"一词来形容也许更为恰当。

（二）公司治理的促进者

鉴于恰当的公司治理是在公众公司内部运作的，所以董事会、监事会、董事会专门委员会和执行管理层应当负主要责任；但是，他们并不能实施针对他们自身的公司治理的所有方面。虽然上述各方积极地履行他们的职责，但仍需要四个关键的促进者来恰当地执行和监控有效的公司治理。这些角色包括内部审计师、外部审计师、交易市场（包括财务分析师）和缺席的所有者。

1. 内部审计师

内部审计师对一个公司的财务系统提供质量控制。在一家公众公司中，内部审计师负责保证内部控制存在且有效地运行。他们在监控和管理公司的经营、信息系统、财务报告和与舞弊有关的风险方面起着重大作用。此外，内部审计职能部门可以保证治理结构和过程在公司指南与外部法规之内有效地运作。调查舞弊和其他违法行为是内部审计师行使的另一项职能。如果得到恰当的实施，内部审计职能可以作为董事会、审计委员会和管理层用来保证公司的财务信息得以恰当地收集与报告的一个主要工具。内部审计师直接向审计委员会报告是最为理想的情况。

2. 外部审计师

虽然内部审计部门有助于确保对现行准则和法规的遵守，监管机构还是要求所有公众公司的财务报表都要经过独立的外部审计事务所的审计。外部审计师可以根据内部审计职能的客观和胜任程度适当地依赖内部审计师的工作。外部审计师的独立性和客观性有助于他们向投资者提供管理层根据现行准则恰当地编制和制作了财务报表的保证。外部审计师由审计委员会聘任，并直接向其报告。

3. 分析师

证券分析师通过检查财务报告和与公众公司有关的其他信息，为这些公司提供盈利预测和股票投资建议（买入、持有或卖出的具体建议），在证券市场中发挥着重要的作用。

（三）公司治理的利益相关者

公司治理的一个关键方面是确保外部资本以权益和债务两种形式流入公司。公司治理也努力寻找途径，去鼓励公司的各类利益相关者对公司进行从经济角度上最优化的人力和实物资本投资。一个公司的竞争力和最终成功是众多不同资源提供者联合贡献的结果，包括股东、员工、债权人、客户和供应商以及其他利益相关者。公司应承认，对于打造富有竞争力和盈利能力的企业来说，利益相关者的贡献是一种宝贵的资源。因此，促进利益相关者之间开展创造财富的合作，是符合公司长期利益的，公司治理的框架应承认利益相关者的利益及其对公司长期成功的贡献。

四、公司治理的基本原则

有效的公司治理原则主要包括以下几点。

（1）建立完善的组织结构。确认并公布董事会和管理层各自的作用与责任是奠定企业中管理和监督的坚实基础的方法之一。

（2）明确董事会的角色和责任。要明确董事会的角色和责任，就要引入独立董事。独立董事是指独立于公司股东且不在公司内部任职，并与公司或公司经营管理者没有重要的业务联系或专业联系，能对公司事务作出独立判断的董事，其具有四种不同的角色，即战略角色、监督或绩效角色、风险角色和人事管理角色。此外，还应明确董事会主席的作用，董事会主席是公司的代表，常为企业建立"公众形象"。董事会主席的作用还包括与股东的沟通，这种沟通是以法定的年报形式进行的。在许多管辖权内，董事会主席必须每年在年度股东大会和股东特别大会上以主席声明的形式向股东致函。

（3）提倡正直及道德行为。良好的公司治理最终需要诚信的人员，企业可建立一套行为守则，及时披露董事、经理和员工对公司证券进行交易的政策，还应考虑采取适当的遵守标准和程序。

（4）维护财务报告的诚信及外部审计的独立性。企业应要求首席执行官（或相应职位）和首席财务官（或相应职位）以书面形式向董事会报告，企业的财务报告在所有重大方面按照有关的会计准则的规定编制，真实公允地反映企业的财务状况和经营成果。企业还应该设置一个独立机构，以核实和维护企业财务报告的诚信。它要求建立一个审查和授权的结构，以保证企业的财务状况得到真实可靠的披露。该结构应当包括负责审查和审计的审计委员会及一个能够确保外部审计师独立性与胜任能力的程序。目前，独立的审计委员会的存在已经被国际公认为良好公司治理的一个重要特征。如果没有审计委员会，企业就更加需要披露替代办法是如何保证财务报表的诚信和外部审计师的独立性的，以及为什么没有审计委员会。

（5）及时披露信息和提高透明度。所有投资者都享有平等的及时了解公司重大信息的权利。信息披露的内容包括但不限于以下三大部分：财务会计信息，包括企业的财务状况、经营成果、股权结构及其变动、现金流量等，主要被用来评价公司的获利能力和经营状况；非财务会计信息，包括企业经营状况、企业目标、政策、董事会成员和关键管理人员及其薪酬、重要可预见的风险因素、公司治理结构及原则等，主要被用来评价公司治理的科学性和有效性；审计信息，包括注册会计师的审计报告、监事会报告、内部控制制度评估等，主要被用于评价财务会计信息的可信度及公司治理制衡状况。

（6）鼓励建立内部审计部门。内部审计部门应独立于外部审计师，它和管理层应进行必要的沟通，并具有从管理层获得信息和解释的权利。为了提高内部审计部门的客观性和业绩，内部审计部门应该直接向董事会或者审计委员会负责。

（7）尊重股东的权利。企业应当能够和股东有效沟通，使他们随时能够得到公司客观公正和易于理解的信息以及企业的计划，便于他们参加股东大会。为了尊重股东的权利，企业应当设计和披露沟通政策，以促进和股东之间的有效沟通，并鼓励股东有效地参与股东大会。公布公司的股东沟通政策也将帮助投资者获取信息。企业可以考虑如何最好地利用新技术，提供更多的机会，以便更有效地与股东沟通，并解决不能出席会议的股东的问题。

（8）确认利益相关者的合法权益。企业对于非股东的利益相关者，如，员工、客户或顾客和社会整体具有很多法律及其他义务。此外，企业可以通过管理自然、人文、社会和其他形式的资本来更好地创造价值。

（9）鼓励提升业绩。董事和主要管理人员应具备有关的知识和信息，他们必须有效地履行职责，而且也需要对个人与集体的业绩进行定期和公平的审查。董事会及主要管理人员的业绩应定期通过可计量和定性的指标进行审查。

（10）公平的薪酬和责任。企业应保证薪酬具有充分合理的水平和结构，以及其同公司和个人绩效的关系合理。企业必须采取能够吸引和挽留人才、激励董事及员工的薪酬政策，以促进公司业绩的提高。同时，披露薪酬政策是薪酬报告的基本要求，而薪酬政策的透明度应当表现为充分有效的披露。

第二节　企业经营中的激励机制

公司治理涉及公司治理结构、公司治理机制和公司治理实务。公司治理不仅为现代企业的发展提供了重要的制度框架，还为企业增强竞争力和提高绩效提供了组织架构。公司治理机制、结构和实务三个层面的设计与建构的核心是在所有权和经营权分离的情况下所有者对经营者的监督和激励问题。因此，激励机制在企业经营中显得尤为重要。

一、激励机制对于企业经营的重要性

公司治理问题的关键是对经营者尤其是高级经理人员的责、权、利的制衡，主要体现为对企业剩余索取权和控制权的安排。从委托代理关系看，企业所有者（股东会）与高级管理层（公司高级经理人员）形成的公司一级合约，其核心内容是企业净剩余与企业价值的最大化；从产权关系看，产权关系既影响股权结构，又影响控制结构，而股权就是企业所有者对剩余的利得权；从企业管理和市场经济的角度看，作为资源转化系统的企业，其终极目标就是创造价值，即实现价值的增值——净剩余，公司治理就是指市场主体通过各种合约对剩余索取权和控制权进行分配。但问题的关键也是争议较多的是，作为公司法人财产权主体的经营者到底应该具有经营权还是所有权；换句话说，就是公司高级经理人员对企业净剩余索取权的确认问题。

在现代企业制度下，企业的经营权和所有权分离导致了代理成本的产生，这是人们熟知的委托代理问题。由于经营者追求的是自身利益最大化，往往与所有者权益相悖，偏离所有者利益最大化原则。股东将决策权委托给管理者，管理者有能力为自己的利益调整企业资源，为了减轻股东和管理者之间可能存在的利益冲突，往往在实践中采取合理的激励计划。此外，现代企业管理的核心是对人的管理。企业管理面临的首要任务就是引导和促使员工为实现组织目标作出最大的努力，然而员工加入组织的个人目标往往与组织目标不尽一致。怎样才能使员工为实现组织目标作出最大努力，就是激励机制所解决的问题。

有效的激励机制有利于更好地吸引人才，不断提升员工整体素质。企业之间的竞争很大程度上是人才的竞争，只有拥有更多更优秀的人才，才能真正在市场经济发展中站稳脚跟。因此，企业管理中实施人才激励机制，有助于鼓励优秀的人才进入公司并更加努力地工作，发挥最大的潜能，从而为企业创造更大的价值。同时，激励机制能够促使企业形成一种积极向上的工作氛围，促使文化素质低、业务能力差的员工进一步学习，充实自我，提高自身素质和能力来适应公司的发展，因此，能够从总体上促进企业发展。

二、实施激励的方式

在心理学家看来，人类的行为基本上都属于动机性的行为。也就是说，人们的行为并非漫无目的的，而是包含目的性的。这种目的性来源于人的需求，有需求就会产生动机，有动机才会发生行为。当这种需求没有得到满足时，人在心理上就会产生紧张感，造成生理或心理上的不安，从而激发个体的内在驱动力。这种驱动力能使人们采取行动去实现某个目标，当目标实现之后，原有的需求被满足，紧张感和动机也就消弭了。因此，激励的过程就是人的需求被满足的过程，它从需求不被满足开始，以愿望达成、需求得到满足结束。对企业组织来说，激励就是组织通过设计适当的外部奖酬形式和工作环境，以一定的行为规范和惩罚性措施，借助信息沟通来激发、诱导和保持组织成员的行为，有效实现组织目标及其成员个人目标的系统活动。

所谓激励机制，就是通过诱导因素、产权合约、组织设计，以及各种报酬与补偿等一套理性化的制度，将各种激励方法与其他措施相结合，实现现代企业良性运行、快速发展的激励体系。企业实施激励的方式有很多种，一般而言，包括物质激励和精神激励；具体包括薪酬激励、股权激励、晋升激励、目标激励、情感激励等。下面着重阐述薪酬激励、股权激励、晋升激励和情感激励。

（一）薪酬激励

薪酬激励机制是企业运用薪酬的刺激，使员工个人采取某种积极行为，努力实现某种目标，从而提高劳动生产率的做法，对企业竞争力有巨大影响。在现代市场经济中，它已成为各国企业人力资源管理的主要内容之一。这一机制对中国这样一个发展中国家而言，意义尤为突出。

所谓薪酬，是指以各种形式付给员工的工资或报酬。薪酬包括直接经济报酬和间接经济报酬两个主要部分。直接经济报酬包含工资、奖金、佣金和分红；而间接经济报酬则由公司支付的保险以及带薪休假等经济福利组成。在我国，薪酬一般由薪资、奖金、津贴、补贴等部分构成。基本薪酬是员工工资体系的基础，也是公司在计算企业员工的加班工资、带薪休假以及工伤工资等方面的基础系数，常按员工级别来划分等级档次。奖金是给工作表现出色的员工的奖励。津贴是企业对员工的一种补偿方式，也是对公司员工的健康和精神等方面的一种补偿。补贴通常是公司为了保证职工能够完成工作而向员工提供的生活补助。

企业实行薪酬激励时，有必要了解、研究、参考劳动力市场的薪酬制度、薪酬水平等基本情况，尤其与自己有竞争关系的企业或同行业的类似公司的情况，重点考虑员工的流失去向和招聘来源。同时，要制定员工绩效标准，因为在以职位定薪酬的传统薪酬体系下，员工只知道自己应该做什么，而不清楚应当达到什么样的绩效标准，而以绩效定薪酬的制度则可以扭转这样的情况。此外，企业需要针对不同层级的员工设计不同的薪酬结构，并且还应当随着员工职位变迁、技能提升、需求层次的变化，对员工的薪酬结构做出相应的调整。

（二）股权激励

一般来说，企业的所有者与员工之间的利益是不完全一致的。所有者注重企业的长远发展和投资收益，而企业的管理人员和技术人员受雇于所有者，他们更关心的是在职期间的工作业绩和个人收益。两者价值取向的不同必然导致双方在企业运营管理中行为方式的不同，且往往会出现员工为个人利益而损害企业整体利益的状况。对于企业的管理人员来说，经理人和股东实际上是一个委托代理的关系，股东委托经理人经营管理资产。但事实上，在委托代理关系中，由于信息不对称，股东和经理人之间的契约并不完整，需要依赖经理人的"道德自律"。股东和经理人追求的目标是不一致的，股东希望其持有的股权价值最大化，经理人则希望自身效用最大化，因此，股东和经理人之间存在"道德风险"，需要通过激励和约束机制来引导与限制经理人行为。

实施股权激励的结果是使企业的管理者和关键技术人员成为企业的股东，使其个人利益与公司利益趋于一致，因此，有效地弱化了两者之间的矛盾，形成企业利益的共同体。实施股权激励后，企业的管理人员和技术人员成为公司的股东，具有分享企业利润的权利。经营者会因为自己工作的好坏而获得奖励或惩罚，这种预期的收益或损失具有一种导向作用，会大大提高管理人员、技术人员的积极性、主动性和创造性。员工成为公司股东后，能够分享高风险经营带来的高收益，有利于刺激其潜力的发挥。这就会促使经营者大胆进行技术创新和管理创新，采用各种新技术降低成本，从而提高企业的经营业绩和核心竞争能力。

（三）晋升激励

晋升激励机制就是依靠晋升来激励员工，提高其工作积极性。晋升是指员工由较低层级职位上升到较高层级职位的过程。众所周知，劳动分工是提高效率的手段之一，于是企业内部就按照专业划分为许多职系，这些职系又被分为许多职位，这些职位形成了层级系列，就有了晋升的条件。企业需要评价员工，看其是否能晋升到高一层级的职位上去。

晋升机制有两个作用：一是资源配置；二是提供激励。这两方面都有利于降低员工的流失率。晋升机制资源配置的作用，通俗地说，就是合适的人做合适的事，实现能力和职位的匹配，这是人力资源管理的一项重要任务。提供激励是指较高层级职位的收入和地位给处于较低层级职位的员工提供了激励。传统观念依然影响着现代社会的员工，他们的价值观中有一种根深蒂固的观念，即在企业中身居要职是能力和地位的象征，甚至将晋升当成个人成功的主要衡量标准。所以，良好的晋升机制给员工创造了追求晋升的氛围，能够为其晋升提供支持和保障。于是，为了获得荣誉上的满足感，员工会努力工作，以求以更快的速度得到提升，他们的使命感增强，在一定程度上延缓了工作流动的行为，降低了工作流动的概率。

（四）情感激励

据国外科学家测定，一个人平常表现的工作能力水平与经过激励可能达到的工作能力水平存在 50% 左右的差异，可见人们的内在潜能何等之大！这就要求企业经营管理者既要抓好各种规范化、制度化的"刚性管理"，又要注意各种随机性因素，注重感情的投入和交流，注重人际互动关系，充分发挥情感激励作用。

情感是影响人们行为最直接的因素之一，每个人都有各种情感诉求。情感激励是通过建立一种人与人之间和谐良好的感情关系，来调动员工积极性的方式。因此，企业领导者要及时了解并主动关心员工的需求，以建立良好、健康的人际关系、工作关系，从而营造出一种相互信任、相互关心及支持、团结、融洽的工作氛围，使被管理者处处感到自己得到了重视和尊重，以增强员工对本企业的归属感。

第三节　信息时代公司治理的变革

21 世纪，人类已经进入了互联网时代，互联网技术的快速发展改变了人类行为和商业运作。国家大力支持新技术、新产业、新业态，实施网络强国战略，实施"互联网 +"行动计划，出台了《"互联网 + 流通"行动计划》和《关于积极推进"互联网 +"行动的指导意见》等多项支持政策。在我国产业政策的扶持和推动下，我国互联网产业呈现持续快速发展态势，网民数量不断增长，互联网与经济社会深度融合的基础更加坚实。"互联网 +"对应的是一个新经济时代的到来，这意味着互联网不再是一个单纯而独立的行业，它将与各行各业结合起来，共同组成新经济时代。互联网加速了信息的流动，也使技术网络、组织网络和社会网络深度融合，催生了互联网金融等新兴商业业态。这种全新的商业模式使传统的公司治理范式在互联网时代面临巨大挑战。

一、互联网背景下公司与传统公司治理的特征比较

在传统的企业公司治理中，其企业的架构以层层架构、垂直领导、金字塔式的权威组织结构为主；其商业模式是由投入转换为产品，依据资产收益率、销售利润率反映公司

的价值和市场占有率，其运营模式是单一行业或行业上下游的简单集成，是简单的"供—产—销"流程；其决策收益是线性的，有既往或行业经验可以借鉴，有财务数据和分析工具可以利用。中小股东参与公司治理的程度较低，参与积极性较低，而参与公司治理的成本较高。此外，传统企业治理结构复杂化、垂直化，治理成本较高，效率也较低。

互联网背景下的公司治理中，其企业架构是以相对自由竞争且高度扁平化的组织结构为主；其商业模式是一种创新的治理机制，在提高产品及服务，吸引最广泛的用户群体方面，互联网技术会提供信息、数据会反映大量活跃用户的信息及其偏好，这些都是潜在价值。其运营模式主要利用互联网平台和技术创新，企业的经营活动、管理活动和治理结构呈现互联网化及信息化。其决策机构较为扁平化，依据信息，或者是具有非线性特征，没有直接参考的信息，通常是首创的、独一无二的，经常是股东所无法理解和接受的。中小股东参与公司治理的程度较高，且参与积极性也较高，参与公司治理的成本较低，依托互联网平台，线上实时参与企业管理。此外，充分利用互联网技术的企业，其治理结构较为扁平化，提高了治理效率。

二、"互联网+"下公司治理的变革

目前，众多学者对"互联网+"带来的公司治理变革问题作出了一系列的前沿研究。在此，参考李维安、钱爱民、刘建江、谢永珍等多位学者对互联网背景下公司治理问题的研究，总结出以下几点。

（一）互联网时代带来了多样化金融管理模式

互联网时代，对众筹等项目感兴趣的消费者可直接转变为投资者，这直接降低了投资者的门槛。但是与普通股东相比，这类投资者无法基于传统公司治理框架，通过表决参与企业决策，承担相应责任。传统模式的投资者比较侧重控制权，而互联网时代的投资者更加看重收益权，追求资本的短期回报。"互联网的发展促进了新的治理手段的涌现。社群等外部治理主体让产品供给由卖方市场转换为买方市场。"钱爱民强调，互联网缩短了时空的距离，提高了中小股东参与公司治理的便捷性和积极性，降低了公司治理成本。

（二）垂直治理转向网络化、扁平化、虚拟化

传统的公司治理结构是垂直的，决策需要通过层层信息传递，这种垂直模式无法保证对顾客群体需求的快速响应且缺乏有效激励，难以保持企业发展所需的持续动力。李维

安认为，随着集团治理、跨国治理的发展，公司治理实际上也朝着扁平化、网络化的方向发展。但是互联网、移动互联网等新技术的出现，使原有的企业内网络、企业间网络和社会网络由于技术的导入发生了革命性的变化。网络治理表现在以下两方面。一是利用网络进行治理，网络是工具，如当初股权分置改革，就导入了网络投票。二是对网络型组织如何治理。现在确实是往这两方面走了，而且变化巨大，因为网络治理的特点不只是更加强化了多元利益相关者参与治理。另外，治理行为的出发点也不只是简单地从自身出发，还有一个协同效应，治理的边界得到了拓展。网络治理使治理行为、治理边界、治理成本、治理风险、治理评价都发生了很大变化。

（三）弱化了利益主体之间信息的不对称性

在委托人与代理人履行合约的过程中，他们各自拥有的资源的性质和相对稀缺性是不同的，由此导致各相关利益主体的地位及其所拥有的信息量的不同，最终决定了签约各方的不对等性，这种不对等本质上是由信息的不对称性引起的。互联网新业态的出现为公司治理提供了新的手段，移动互联强化了网络治理，还催生了新的股东社群，原本不参与治理的小股东现在也积极参与治理了，交互在线、实时不受地域限制的移动互联弱化了利益主体之间的信息不对称性，推动了公司治理的现代化。

（四）推动治理权力重组和治理模式创新

阿里巴巴集团（简称"阿里"）作为网络高科技企业，无论对美国还是中国香港市场来说，都是值得争取的对象，但阿里上市之路何以如此坎坷？其核心在于围绕控制权的制度创新——"合伙人制"与外部治理环境的冲突和再匹配。阿里的合伙人制度其实就是在公司章程中设置的提名董事人选的特殊条款，即由一批被称作"合伙人"的来提名董事会中的大多数董事人选，而不是按照持有股份比例分配董事提名权。

阿里的合伙人制度本质上类似给予马云等合伙人以控制权优先股，是现有规则难以解释或允许的治理模式创新。那么，为什么在马云等并未让渡收益权的情况下，雅虎、软件银行集团等大股东却没有提出异议，反而支持合伙人制度顺利通过呢？在高科技网络组织中，控制权对技术持有者至关重要，是技术能够自由流动、使用和发挥应有效果的保障。沿用垂直化治理模式无法保证对技术持有者的有效激励，难以保持企业发展所需的持续动力，所以对于网络组织来说，垂直化治理模式已经不再适用，需要调整以技术核心为主的管理层在治理链条中的位置，逐渐向"扁平化"治理模式发展。

（五）网络投票与中小股东权益保护

现代公司治理利用移动互联时代的技术，可以降低利益相关者包括中小股东参与公司治理的成本。这个变化是革命性的，而这方面的变化又带来了投资者关系管理的新机会和新问题。现在人们利用信息技术开展网络营销，营销的是产品和服务，面对的是消费者和客户。对于公司董事会、高管、董秘们来讲，他们要考虑如何利用移动互联技术和网络治理思想、营销公司，开展好投资者关系的管理，服务好投资者这个资本市场的"上帝"。

移动互联网推动了公司治理的发展，同时新兴移动社交群体对治理也有很大的影响。信息时代的到来加速了信息流动，但是怎样让公司治理在信息时代下也进行改善和变革呢？开展网络投票就是一个有效的方法。事实表明，大股东、小股东、参与现场投票的股东和利用网络投票的股东，尤其小股东，他们的立场、利益、诉求不同，开展网络投票，股东参与结构发生变化，直接影响股东大会投票和决策的结果。

正如上述所说，互联网时代的到来在给公司治理发展带来新变革的同时，也给公司治理带来了严峻的挑战。公司治理的变革发展离不开内部组织结构的调整、配套的具体制度和机制的建设，以及外部政治、市场、法律环境的营造。公司治理应该是与时俱进的，随着时代以及市场环境的变化而变化的，需要人们不断地探索与创新。

第四节　公司治理的主要模式探析

一、英美公司治理模式及特点

模式是某种事物的标准形式，或使人可以照着做的标准样式，即模板与式样的组合。公司治理模式作为公司治理的实践范本，是一系列公司治理的制度规范、技术手段、管理措施和逻辑理念的集合体。

国际上一般将公司治理分为英美治理模式、德日治理模式和东南亚家族治理模式。英美模式在组织架构、权力分配、权力运行、权力制衡和外部监督等方面大致可以梳理总结为以下几方面内容。

（一）股东大会

英美公司的股东一般人数众多，而且多数股东只持有少量股份，因此股东比较分散，要实际参与治理的话，实施成本太高，不可能经常就公司重大发展战略问题召开股东大会，并迅速而专业地作出相关决策。

为了适应公司治理高效及专业化，对市场变化作出快速反应，股东大会就必须将其决策权下放委托给部分大股东或有专业管理技能的职业经理人来行使。因此，由股东代表、专业人士和职业经理人等组成了董事会应运而生。

股东大会与董事会之间的关系是一种委托代理关系。股东们将公司部分重大战略决策和日常运营管理的权力委托给了董事会，董事会必须向股东大会负责，保证公司的健康和稳定运营，并获得令股东相对满意的利润。

（二）董事会

董事会作为股东大会的常设机构，根据股东大会授予的职权运行。英美公司法对董事会的席位人数、职责权限均有明确规定。但公司法的规定较为粗疏，仅是一个模板，所以多数英美公司只以公司法规定的内容作为公司章程的骨架，然后在其中填充董事会详细的权责事宜、权力运作细则及议事规则。

行业不同，公司规模、投资方、雇员人数不同，董事会席位、权限职责的构成也不同。董事会内部设立不同的各种专业委员会，并由董事长直接领导，协助董事会更好地开展工作，实施决策、沟通、协调、执行和监督，实现董事会的治理职能。

这些专业委员会包括：执行委员会、人事任免委员会、奖励薪酬委员会、财务监督委员会和审计委员会等。如，审计委员会，其职能是协助董事会加强其对有关公司内部审计和财务、税收法律法规的了解，加强董事会对财务问题的控制，对财务报告和会计原则的了解。

奖励薪酬委员会，主要是讨论并决定公司高级雇员的薪酬标准，由董事长随时召集董事会提交建议，讨论奖励薪酬问题，且应提交保留薪酬会议记录。虽然薪酬委员会直接隶属于董事长，但它始终是对整个董事会全体负责，而不可以按董事长的个人意愿行事。

近年来，美国的有些公司又成立了公司治理委员会，用以解决专门有关公司治理的战略、风险和反腐败等问题。

（三）内部董事和外部董事

英美公司中的内部董事是指公司在岗执行层面的管理人员。而外部董事则相对复杂，主要包括三种人：一是与本公司有着业务联系或私人联系的外部人员；二是本公司聘请的外部专业人员，如律师、会计师等；三是其他公司的高级经理人员。

外部董事一般在公司董事会各专业委员会中占多数，但一般不在公司中任职。内部董事一般都在公司中担任重要职务，是公司经营管理层面的核心成员。

作为部分监督者角色，董事不过多参与公司日常运营，不可以造成董事与执行层面高管高比例重合，造成监督者与被监督者合二为一，削弱监督者的身份与效果。此外，英美公司一般不设监事会，因此，董事会监督高管的作用显得更加重要。

外部董事有的是专业投资者，他们通过购买公司股票成为公司股东。大部分外部董事作为法人持股者代表，即其他公司的代表进入公司董事会，外部董事对于公司业务不一定很了解或精通，但外部董事人数的增加会加强董事会对经营者的监督与控制。

（四）首席执行官

首席执行官是公司政策、决策执行机构的最高负责人，董事会有权将部分经营管理权力转交给作为代理人的首席执行官执行。多数情况下，首席执行官是由董事长或者其他执行董事兼任的。

随着公司的经营管理日益专业化、职业化、复杂化，经理职能也日益专业化，总经理职位渐渐与董事长职位分离。由于首席执行官是作为公司董事会的代理人而产生，董事会来决定在何种情况下授予他何种权利、多大的权利。

首席执行官的设立，体现了公司经营权的进一步规范、专业、集中和高效。但英美大公司中首席执行官兼任董事会主席也有一定弊端，因为这种双重身份在一定程度上削弱了董事会的独立性，不利于董事会对首席执行官的监督，如当年惠普公司首席执行官赫德兼任董事会主席，导致赫德的违规腐败行为没有被及时发现。

（五）外部审计

英美公司中没有设立监事会，所以需要加强外部治理监控，公司聘请专门的审计事务所对公司财务状况进行年度审计并提出审计报告。公司董事会内部虽然也设立了审计委员会，但它只是协助董事会或总公司监督子公司的财务状况和投资状况等。

由于英美等国资本市场发达，投资人的股票交易很大程度上依赖于公司财务状况的真实披露而决策。公司自己的内部审计机构难免在信息发布的及时性和真实性方面存在故意偏差、刻意隐瞒、违规违法等，因此其公正性、客观性、独立性难免会受到质疑，至少不会让外界投资人及股民完全放心。

英美等国独立会计师承办的外部审计事务所具有相对独立、客观、居中、规范和公正的特点。公司聘请这些独立机构对公司经营状况进行独立审计并发布审计报告，对于加强公司外部监管意义重大。

这些独立外部审计机构每年年底要为英美等国公司出具财务报告书，每份财务报告书都附有审计事务所主管审计师签字的审计报告。每年政府的审计机构也会定期或不定期地对公司经营状况进行审计，并对审计事务所的任职资格进行审查。

外部独立审计制度既有效地预防了公司的偷税漏税行为，又约束规制了公司财务状况信息的真实披露，非常有助于公司的合规守法经营和内部有效治理，非常值得点赞。

英美公司治理模式的最大特点可总结为以下几方面。

一是重视外部治理。因为英美公司中所有权较为分散，存在着所谓弱股东、强管理层，弱股东、强董事会的现象，小股东不能有效地监控管理层的行为，所以主要依靠外部力量对管理层实施控制，以股东价值最大化为治理目标。

英美公司治理模式强调股权的分散化以及股票在证券市场上的流动性。并购市场、人力资源市场及证券市场的活跃成为约束经理人的外部重要因素。股东用脚投票，并购市场、人力资源市场、资本市场均可以以公司控制权转移来迫使没有业绩的公司和没有能力的高管团队退出市场。

投资人股权分散化使任何一个股票持有者都不可能对其所投资的公司具有相对（51%以上）或绝对（67.67%以上）的控制权。在投资产生的所有权和投资人对公司的控制权互相分离的情况下，产生了专业的职业经理人和专业的投资者，从而大大提高了企业的运营效率增强治理效果。

二是发展法人股东或机构投资者。使分散的股权得以相对集中，依靠规范、活跃、有效的证券资本市场、公司控制权市场，通过公司之间或战略投资人对公司的收购兼并来实施对公司高管层的外部约束。如果公司业绩不佳、治理效果不好，资本市场用脚说话、用脚投票，高效而残酷地淘汰经理层。

三是重视独立董事的作用。在董事会下设立以独立董事为多数，即半数以上独立董事组成的各专业委员会，领导董事会下的财务审计、奖励薪酬和人事提名委员会，并开展对经理层的监督。

因为英美公司不设监事会，独立董事作为外部监管的有效力量居于中立地位，能够客观公正地维护股东权益，特别是中小股东权益，为公司的战略决策提供识错机制、纠错机制和风险防范机制等制度保障。

四是实行长远未来的股票期权激励机制。构建投资人与经理团队的共享机制，确保投资者与经营者的利益结合，使经理个人努力、绩效与企业未来发展捆绑起来，使经理团队从打工的职业经理人变为对公司有家园感的事业经理人。

五是构建国家层面完善的监管体制、政策体系和法律体系，依靠强有力的事后监管和严厉处罚，以提高公司违规违法成本，维护股东利益。

国家通过大量完善的公司法、破产法、投资者保障法和股东诉讼制度等，对公司管理层进行约束和监管，使股东权益受到侵害时能够维护自己的权利，得到救济和补偿。大多数股东都有机会通过在股票市场上"用脚投票"的方式实施对公司违规违法行为的监督约束。

二、德日公司治理模式及特点

德日模式又称为控制导向型融资模式或内部控制式治理结构。

德日公司的股东主要是商业银行，且银行股东作用巨大。德日两国的银行曾处于公司治理的核心地位。给公司贷款中居第一位的银行称为该公司的主银行，主银行为企业提供长期和短期贷款。银行通过第一时间所掌握的企业资金、财务、运营信息时刻监督企业高管，银行与其他股东共同监控追踪企业经营状况，根据绩效好坏决定高管层的去留及更换。

由于银行本身持有大量的投票权和股票代理权，银行在公司监事会的选举中占有相当主动地位，银行代表出任监事会成员的概率极大，银行对监事会有巨大的影响力、决定权和控制力。这也是主银行更多参与德国公司治理的原因之一。

日本银行与企业之间在融资、持股、信息交流和管理等方面形成紧密联系，以银行为中心的、通过企业的相互持股而结成产业和资本联盟。最初德国银行仅仅是公司的债权人，但当公司拖欠银行贷款时，银行就由债权人变为该公司的大股东。

在大股东控制公司方面，德国和日本的区别在于：德国公司更依赖于大股东的直接控制，依赖于内部资金融通。由于德国大公司的股权十分集中，使大股东有足够的能力、机会和路径去监控经理阶层。日本银行作为企业集团的核心，通常持有集团内企业较多的股份，并且控制了企业外部融资的主要渠道，日本银行通过控制外部资金来源对企业施加有效的影响。

法人相互持股是德日公司股权结构的基本特征。由于德日在法律上对法人相互持股没有限制，德日公司法人相互持股非常普遍，所以，法人之间往往形成产业和资本联盟。

法人相互持股有两种形式，一种是母子公司因母公司投资子公司而形成的垂直型持股，通过建立母子公司的持股纽带，形成生产、技术、流通和服务等方面相互协作的局面。另一种是基于产业联盟的连锁持股（又称环形持股），公司与银行存在战略联盟，基于联盟而形成股权纽带，这种环形持股在企业之间或企业集团之间构建起稳定的资本、资产和经营关系。

公司相互持股加强了关联企业之间的联系，使企业之间相互依存、相互渗透、相互制约，在一定程度上形成了诸多战略联盟和产业，一定程度上避免了相互之间的敌意收购。但是，这种相互持股会造成公司治理结构相对封闭的弊端，即公司高管和大股东有可能勾结起来侵犯局外股东和中小股东权益。

德国公司监事会地位明显高于董事会。德国公司成立了执行董事会（管理委员会）和监督董事会（监督委员会），也称双层董事会制。监督董事会是公司股东、职工行使权力、表达利益诉求的代表机构和监督机构。

德国监事会的成员要求必须有比较突出的专业技能、特长和丰富的管理经验。监事会主席的产生应有 2/3 以上多数票赞成，监事会主席在表决时有两票决定权。

德国公司法在监事会成员的选举和监事会职能的确定上都为股东行使控制权与监督权提供了更大空间及现实路径，银行直接持有公司股票，使股东选派代表作为监事在监督董事会中有效行使监督公司管理层的权力落到实处。

监督董事会的主要权责包括：监督执行董事是否违反公司章程开展经营活动；任命和解聘执行董事；对引起公司资本增减等重大事宜及经营事项作出判断和决策；审核公司账簿，核对公司资产；根据公司制度规定或在临时必要情况下召集股东大会。

德国公司监事会拥有对公司经理和其他高级管理人员的聘任权与解雇权。如果公司高级经理或中层管理人员管理不力、不尽职，且给公司经营带来损失，监事会的代表可要求改组执行董事会，更换高级经理团队。

德国监事会的另一个鲜明特征是职工参与度较大，职工地位较高。德国劳工参与企业经营具有深厚的历史传统，职工在监事会中通常要占有 1/3—1/2 的席位。

职工通过选举职工代表进入监事会参与公司重大经营决策，使企业决策比较公开，有利于职工对公司经营的监督，有利于公司凝聚力形成及企业文化构建，有利于公司的长期稳定和持续发展。

由于职工在监事会中占有一定席位，在一定程度上减少了公司被兼并接管的可能性，为高管团队避免短期商业思维和行为、积极从长远考虑公司未来发展战略和格局提供了保障。

由于德国和日本的公司治理有许多相同之处，因此通常称为德日模式，德日公司治理模式的特点可总结为以下几点：

一是银行等金融机构通过持有公司巨额股份或给公司提供巨额贷款而对公司及经理人进行实际控制。德日这种企业与银行所有权共享制的公司治理模式体现的是企业与企业之间、企业与银行之间，稳定、密切的长期战略联盟关系。

二是公司之间相互交叉持股，股权集中程度较高。其弊端是公司的股权缺乏流动性，企业经理人员也没有受到来自恶意收购竞争的压力，他们为了企业雇员和相互持股人的利益，不惜牺牲其他小股东的利益，这与美英模式始终信奉的"股东即上帝"原则有很大出入。

三是以债权人及利益相关者作为公司治理的参与主体，企业融资方式及结构是以债权和股权为主，企业经营还要与债权人、客户、合作方、消费者、公众打交道。上述这些公司的利益相关者与公司有利益纽带并深刻影响公司治理，所以公司治理就必须遵循"利益相关者"原则，形成债权与股权共同控制公司、利益相关者共同影响公司的局面。

四是广泛的信息共享起到了对公司管理层的监督作用，如日本主银行掌握有客户公司的股票，同时主银行、供应商和客户可以影响或决定经理层的更换。银行利用企业及经理人相关信息，在银行与企业之间形成信息共享网络，减少了企业或经理人故意隐瞒经营及财务信息的可能。这样一种特殊形式的信息沟通机制客观上起到了监督公司经理层的作用。

五是外部治理机制较弱，尤其相对英美模式而言，不如英美模式下外部治理强硬有力。与此同时，德日银行作为企业的大股东，以持有公司的股票直接参与公司内部治理，因此形成强股东弱董事会的特点，这也是其与英美模式的区别之一。

三、家族公司治理模式及特点

家族公司治理模式主要以东南亚和韩国为代表。家族成员控制企业所有权，表现形式主要有三种：第一种是企业初始所有权由父辈拥有，当父辈创业者退休后，企业的所有权传递给其子女，由其子女共同拥有；第二种是由合资创业的具有血缘、姻缘或亲缘的创业父辈家族成员传承给子女共同控制；第三种是家族创业者与家族外其他创业者或企业共同合资创办企业，由家族创业者或家族企业控股，传承给家族后代，形成由家族成员联合共同控股的局面。

由于家族企业过于封闭，不利于其发展壮大。为了使企业具有一定公开化或社会化，家族企业股东们往往会把企业的部分股权转让给家族外的其他人或企业，或者是引入更多战略投资人进入家族公司，对企业进行股份制改造，推动家族企业在资本市场公开上市，从而形成家族企业产权多元化的格局。

但是，在这种产权多元化格局中，家族股东仍作为大股东、控股股东或实际控制人控制公司，仍然牢牢掌握公司所有权和控制权。

家族企业在控制经营管理权时，主要有两种方式：一种是由有血缘关系的家族成员控制企业经营管理权；另一种是由有血缘关系的家庭成员和有亲缘、姻缘关系的家族成员共同控制企业经营管理权。

由于受儒家伦理道德准则的影响，企业的决策被纳入了家族内部序列，企业的重大决策如创办新企业、开拓新业务、人事任免、决定企业的接班人等，一般由家族长老或企业创办人做出。

家族中其他成员作出的决策也须得到家族长老的首肯，即使这些家长已经退出企业经营一线，由家族第二代成员作出的重大决策，也必须征询家族长老的意见或征得其家长的同意。

与前一辈的家族家长相比，第二代或第三代家族家长的绝对决策权威已有所下降，这也是家族企业在第二代或第三代出现不和、内部矛盾或冲突的根源所在。

家族经营者不仅是为企业创造效益从而获得商业发展，而且也受到亲情驱使为光宗耀祖而战。尤其对家族第二代经营者来说，确保父辈留下的基业长青、保值增值是他们的责任与使命。但是，这种建立在家族利益和亲情基础上的激励约束机制，使家族企业经营者承受的压力更大，也为家族企业的解体留下了隐患。

家族企业不仅把儒家关于"和谐"和"泛爱众"的理念作为企业文化和凝聚家族成员的理念工具，而且将此理念推及对员工的管理，在企业中构建和营造一种家庭式氛围，使员工产生一种组织归属感和职场成就感。

家族企业对员工的家庭式管理，不仅增强了员工对企业的忠诚感，提升了企业经营管理者和员工之间的亲和力和凝聚力，彰显了以人为本的人性化管理方式和路径，而且还减少了员工和企业间的摩擦和矛盾，保证了企业的顺利发展。

通过分析可以看出，东南亚家族公司治理模式的主要特点就是：企业所有权或股权及决策权主要由家族成员控制，如，创办新企业、开拓新业务、人事任免、决定企业的接班人等都由家族人员作出。

虽然家族企业所有权与经营权高度重合有助于减少委托代理成本和企业内部整合成本，提高企业内部整合的效率，利用家族关系开拓市场、社会资源及政府公共关系，提高决策效率与执行力，但家族企业内部决策过程、运营流程过于封闭、不够透明，不利于股东和债权人对公司监控，外部治理较弱。

另外，权力高度集中也容易产生决策失误和权力腐败。家族企业二代传承中也容易引发权力争斗和人事地震，严重影响企业的发展和壮大。

四、淡马锡公司治理模式及特点

多年来，新加坡以淡马锡公司作为样板，致力于探讨寻求国有企业发展的公司治理模式。淡马锡公司在一定程度上破解了国有企业难以管理、低效运行的世界性难题，原因之一就在于它构建了一整套比较完善的公司治理机制。

淡马锡公司治理模式既借鉴了英美国家公司治理的做法，又结合自身实际有所创新，因此，成效显著。淡马锡公司经验对我国国有投资控股母公司的发展运营具有借鉴意义。淡马锡公司治理模式方面的内容主要有以下方面。

（一）董事及董事会

淡马锡公司董事会依照新加坡公司法和相关法律来构建，董事来自不同商业领域，具备丰富的投资和管理经验，其中，有来自跨国公司、新加坡上市公司和私人公司的高层管理者、曾在商业机构和政府部门任职履历的管理者。

淡马锡公司实行董事会集体领导下的总裁负责制，董事会成员和总裁由财政部提名。董事会下设行政、财务审计、管理人才培养与薪酬奖酬等专门委员会，经营管理层设总裁1名，首席运营官和首席财务官等若干名，总裁兼任执行董事。

淡马锡公司和淡马锡联合企业均设有"精干、平衡、强大、专业"的董事会，成员7—15人，一般由股东派出代表、高管层的代表和独立董事三方面人员构成。管理层中只有总裁作为执行董事进入董事会，其他高管人员均不进董事会，以避免决策权、执行权、监督权高度重合，防止权力滥用和腐败出现。

淡马锡公司及淡马锡联合企业董事会由股东委派的外部董事、独立董事和执行董事构成，独立董事均超过半数，特别是提名、审计、薪酬等委员会基本上是由独立董事担任。

独立董事之间没有利益关系和领导与被领导关系。每位独立董事都可以依据各自的判断进行独立表决，不受其他任何人的影响。以此确保独立董事的独立性，从而也影响董事会独立于管理方作出自己的判断。

进入董事会的管理层代表一般只有总裁一人。股东方委派的外部董事虽然在任职的淡马锡联合企业领取董事费，但是需要全部上交淡马锡控股公司，因为他们的薪酬是在母公司中领取的，以防止外部董事与管理层合谋营私。

淡马锡公司及联合企业在董事会的领导下开展经营工作，董事会为企业管理层提供指导和方针，决定各委员会、总裁和管理层的授权范围，批准公司审核过的年度报告。另外，在总裁（执行董事）回避的情况下，董事会每年度审核其业绩和提交其360度评估报告。

在淡马锡公司的大多数企业，董事长和总裁职位由两个人分别担任，董事长基本上是外部董事或独立董事，以此来避免权力过于集中并形成权力约束机制。董事会和管理层的权力、职责和任务十分明确，董事会具有相对独立性。这样，能有效防止公司形成内部人控制的局面，有利于形成问责机制。

（二）董事会的运作

淡马锡公司董事会不能直接干预企业日常经营管理，而是运用股东权利，每年召开2—6次股东法定会议或临时会议讨论公司重大战略及经营问题，充分发挥董事会的决策和监督作用。

董事会下设执行、审计、薪酬、提名、预算和风险等专门委员会，负责董事会的日常运行。

在保有重大战略和财务等权力前提下，董事会对下属公司实施充分信任、充分授权的放任式管理。淡马锡公司在对下属企业的管理中，特别突出强调的是委派到下属企业的董事代表不仅要维护控股股东利益，而且也要关注和维护所任职下属企业的利益。

淡马锡公司董事会强调公司经营活动以公司总裁为核心，确保公司总裁在日常经营活动中有职有权，充分发挥公司总裁的管理才干，提高公司经营效率。

一般公司的总裁同时也担任公司的执行董事，便于与董事会沟通。在有效制衡、充分沟通的基础上，把握好董事长与总裁的职责界线，实行董事会宏观领导下的总裁负责制，既提高公司决策力，又增强高管团队的执行力，同时受到董事会的监督，呈现出一种权力、责任和利益既结合又统一的结构及边界清晰的治理架构。

（三）董事评价及薪酬管理

淡马锡公司与其联合企业在确定董事薪酬时一般坚持三个原则：一是市场和行业化的原则；二是反映董事所做贡献；三是独立董事薪酬不能太高，避免产生职务依赖。淡马锡公司非执行董事的薪酬由董事会专属薪酬与所在专门委员会任职薪酬两部分组成。

淡马锡公司对总裁的评价采用以下几种方式，一是每年召开一次总裁不参加的董事会，对其表现进行评价；二是聘请中介机构或行业人士来评估总裁的业绩；三是采用市场调查的方法评估总裁的业绩等。

由于作为淡马锡公司股东身份派往各企业的外部董事不在企业领取薪水，虽然可以保证其公正性，但也可能因为其薪酬与企业的业绩关系不大而造成工作积极性不高的问题。

针对这个问题，新加坡法律规定：新加坡政府根据公司经营状况，对委派的董事实行考核奖惩，经营业绩优秀的，可以升迁担任更高级别更重要的职务，获得更多的薪酬与激励；经营业绩惨淡的，将不会再得到委任。

如果董事背离政府的意图，或者经营效益不佳，或者不能对下属子公司的经营活动进行有效的监督和管理以保证新加坡国有企业资产保值增值的，政府可以随时向总统申请，进行董事更换。

（四）董事会的职责方向

股东之间，股东与经理人、员工及公司其他利益相关者之间，总是存在着从战略发展方向到具体项目和业务，从核心价值观理念到商业利益等各个方面的矛盾和冲突。协调与化解这些矛盾和冲突，保持合作与稳定局面，使公司及利益相关者达到利益最大化，正是董事会的努力方向、基本职责、基本愿景和工作重点。

淡马锡公司及其联合企业的成功源自强有力的董事会。这种制度安排，可以使董事会和经营管理层各负其责。董事会不负责公司日常运作，不过分干预总裁，给予总裁充分的信任。董事会主要对公司发挥控制和指导的作用，确保股东的利益。董事长在董事会中的作用非常重要，但要防止个人英雄主义出现。

（五）董事会与管理层的配合沟通

管理层会无保留地为董事会提供具体业务对策、专业化建议、各种运营及财务信息、各种重要会议记录及资料、经理层履行职责的情况报告、必要的组织和人力资源资料等，认真负责地配合董事会开展工作。

对于决定公司的战略问题，董事会与管理层会充分协商，听取管理层的意见。除了涉及总裁和管理层的内容外，管理层会列席董事会和常务委员会等会议，并回答董事提出的问题质询。每年还会召开一两次董事会与管理层沟通会，讨论公司和行业内的前沿性话题。

任何高管人员和部门经理，都可随时与董事会、委员会、董事沟通而不需要层层报批。淡马锡公司董事会还不定期听取部门经理的工作汇报。

董事长与总裁是董事会与管理层沟通的主要桥梁，每周当面沟通已形成制度。此种机制可使董事会和管理层进行畅通有效的沟通，不仅有利于信息的上传下达，更有利于化解矛盾隐患和工作中的误解与盲区。

（六）用国际标准引进人才

在人才管理上淡马锡公司强调以人为本，用全球标准和适应国际经济竞争的要求来衡量人力资源管理。董事、高管人员和专业技术人员等主要在国际化的人才市场上招聘，薪酬水平与国际接轨，同时采用奖金、股票期权等长效激励机制来吸引人才和留住人才，用统一的价值观来凝聚人心。

（七）政府准确把握收放尺度

虽然新加坡财政部是淡马锡公司的唯一股东，但新加坡政府仍将淡马锡公司视为一家在市场环境和商业规制下独立运作的法人。当然，新加坡总统对淡马锡公司也有一定权限，比如，根据财政部提名和任命董事，批准淡马锡公司动用过去的现金储备等。

除此之外，财政部和总统完全不干涉淡马锡公司的任何专业投资决定和日常经营管理，专业经营活动完全交给公司董事会决定，充分尊重专业管理团队的专业判断和专业决策。政府作为公司的所有者只关心公司资产的保值增值，只行使监督职责。

当然，如果淡马锡公司业绩不佳，政府有权根据公司法行使股东权利，更换淡马锡公司董事及高级经理。

五、公司治理模式总结及借鉴意义

英美、德日、东南亚、新加坡淡马锡四种公司治理模式各有利弊，难比优劣，每一种公司治理模式都是由公司所有权结构、经济状况、法律制度、政府政策、文化和历史等国内因素和国际资本的流动、国外先进治理经验等国外因素共同决定的。

英美证券市场成熟，股权分散而且流动性强，所以外部资本市场可以相对有效地对公司形成外部治理机制，有利于公司融资和外部监管，但股东"用脚投票"现象比较普遍，所有者对经理人的控制不够，经理人容易产生短期行为。

德日公司实施内部治理机制，有利于公司长远发展，保护利益相关者。但是经营者的双重身份使得股东对经营者的行为失去了有效监督，而法人相互持股使得证券市场失去活力，银行过多主导企业又容易产生泡沫经济。

东南亚家族治理模式凝聚力强、稳定性好、决策高效、对市场变化反应迅速，但家族企业内部封闭、任人唯亲，如果代际传承不顺利将会造成公司裂变。另外，家族企业的不透明还会造成融资困难，阻碍企业的社会化和国际化。

所有权结构和法律制度是公司治理模式的主要决定因素，与所有权结构相关的是所有权集中程度和股东主体特征。英美公司的所有权特征是大量的公众持股，大多数的股权高度分散；德日公司股权集中度明显高于英美公司，金融机构和法人是重要的公司持有者；在东南亚，家族对公司拥有绝对的控制权。

与英美、德日等国公司治理不同，新加坡淡马锡国有公司治理的成功经验是要正确处理政府放权与公司治理之间的平衡。国有企业治理的最大矛盾是政府要同时承担监管者和经营者的双重角色。

新加坡政府采取相关措施优化淡马锡公司的公司治理，建立以董事会为核心的公司治理机制，采取"管两头放中间"的做法，一方面负责挑选董事会成员，监控重大战略方向问题；另一方面注重每年业绩考核，根据公司绩效来判断、取舍其是否继续留任公司董事。

但是，新加坡政府对企业本身专业性的经营管理和商业决策不予任何干预，只关心新加坡政府作为投资人的资产保值增值和审计监督。

世界经合组织（OECD）出具的公司治理范本所呈现的公司治理的共通性、规律性治理路径及技术手段都会带来世界范围内公司战略模式的相互学习、相互借鉴和相互融合。

互联网时代也将给各国公司治理带来深刻变化，如，公司内控、公司信息披露将在更加公开透明、信息源更加多元化的时代环境下展开；网络投票使股东参与决策及监督更加便利；分散的中小股东之间联络更加便捷，一盘散沙似的公众股东一夜之间就可能聚沙成塔，采取一致行动，中小股东的意志和力量再不可以忽视；等等。

随着世界经济一体化，各种公司治理模式有趋同融合的倾向，如，美国机构持股比例在上升，股东"用脚投票"现象减少，机构投资者转为采取更加积极主动的方式干预董事会，改变公司战略及人事任命。

日本公司开始减少对银行的依赖，转向资本市场寻求融资。东南亚家族企业则在努力吸引公众参与，改变公司股权结构单一化，提高公司透明度及治理水平，在公开化、资本化和国际化方面有了更多尝试和努力。

世界经济一体化、贸易市场全球化、金融国际化和自由化等都会造成各国公司战略模式相互吸收、取长补短和相互融合。

我国的公司治理结构，既不同于美英公司的单层委员会制，也不同于德国的双层委员会制。我国现行公司治理架构，虽然形式上与德国的"二元结构"相似，但与德国模式的根本不同在于我国公司中的监事会地位和权能不在董事会之上，而是与董事会并列于股东会之下。

我国监事会也没有做到德国监督委员会那样给劳动者以极高地位，体现劳资共治、共享和企业凝聚力，代表股东对公司董事会和经理层实施严格专业的监控，监督重要资本的运营效益及投资回报。

我国监事会虽然也有监督董事及监督高管人员的使命，但监事只是监督高管而自己不承担发布重要决策的责任，对董事会没有直接任命和授权的职能。监事大多是由退居二线的非专业老同志出任，其专业能力很难实行有效监督。

监事的软弱和摆设效应、硬件的缺失、经费保障缺乏和权责不对称造成监督无力无效。针对这个问题，我国引入了具有英美模式特色的独立董事制度，并要求上市公司监事会并行设立以求监督机制的完善。

我国公司治理模式存在诸多问题，如，国有独资或国有控股企业行政色彩浓厚，一股独大、人治领导方式仍然盛行，国有企业管理层的任免大多由政府行使或股东选派，而不是由经理市场和资本控制权市场实现控制权的配置和转移。

同时，由于所有者缺位，没有形成对经理层控制权进行动态调整的决策机制，导致"内部人控制"严重。高管权力制约监督不够，容易产生腐败和权力滥用，与现代公司治理仍有相当大的差距。

民营企业方面，股权结构单一、决策权集中、管理方式落后、内部封闭、治理结构不健全等弊端仍然存在，监事会形同虚设，很难发挥作用，缺乏监督效率和监督效果。

$\diamond$

公司治理的理论基础论述

第一节　产权理论

一、理论产生

在经济学中，我们会看到这样的观点，效用或者满意不是来自商品本身，而是源于它们具备的某种特性。兰卡斯特创始的新消费者理论（Lancaster model）认为，消费商品的过程，是一个从商品获得某种物质（或服务）的过程，消费者购买商品的目的，是为了获得这些物质（或服务），而不是商品本身。例如，消费者消费面包的过程，实际上是从面包中获得营养的过程。消费者吃药，是为了获得药品中含有的能够治病的物质。再例如我们不是因为牙膏而获得满意，而是对牙膏提供的"预防蛀牙"和"清新口气"的特性感到满意。

有类似思想的还有贝克尔（Becker，1965），他认为，一次对朋友的拜访可以看作最终的需要（日用品），而要去拜访朋友，就要使用到其他一些商品，例如，汽车服务、汽油、时间，等等。这些思想揭示了一个更为一般的命题，即不是商品本身提供了满意，更重要的是，人们被赋予使用这些商品的权利。例如，我们可以交换苹果和坚果，尽管我们购买了苹果，我们有权利直接食用或者烹饪，但是我们不可能把苹果扔到邻居家里，或者直接扔到公共道路上。因此，我们交换苹果或者坚果的时候，表面是商品的交换，而实际上是产权的交易。

哈罗德·德姆塞茨（Harold Demsetz）是新制度经济学的早期代表之一，芝加哥学派的重要代表。由于其卓越的贡献，他曾经数次被提名诺贝尔经济学奖。德姆塞茨对产权的研究，对垄断的理解，对企业治理的认识，都具有开创性的贡献。他的著作《关于产权理论的探讨》《生产、信息费用和经济组织》《所有权、控制权与企业》，都是产权研究领域的经典。

现代企业理论是科斯于1937年开创的。科斯企业理论的核心是用交易成本解释企业的存在。当威廉姆斯等人把重点放在交易成本如何影响交易在市场与企业（权威）之间的选择时，德姆塞茨和其同事阿尔钦（A.Alchian）把关注点放到了企业内部的激励问题和产权制度安排上。从科斯开始，企业理论一直是经济学研究的一个热点。科斯本人创造性地提出了企业在本质上是一组区别于市场的契约关系，其存在是为了减少交易成本。科斯对于企业的理解是十分有创造性和启发意义的，此后所有关于企业本质的思考，基本上都沿用了科斯的分析思路。但是，事实上科斯并没有真正说明企业的本质究竟是什么。换言之，科斯指出了企业是一种契约，但关于"企业究竟具有怎样的区别于市场的特征""其最根本的特征是什么""为什么有这些特征"等问题，科斯并没有能正面加以回答。

沿着科斯的传统，德姆塞茨和阿尔钦在1972年的一篇经典论文中对企业的本质进行了深入探讨。企业最重要的特征是什么呢？在他们看来，主要是生产的团队性质和"中心签约人"的存在。什么是团队生产呢？在他们的语境中，团队生产的含义包含两个方面：第一，整个生产活动需要多种不同生产要素的参与，并且这些要素属于不同的人所有。第二，整个产出并不是各个要素贡献的简单相加，每一种要素对于其他要素的生产力都会产生影响。由于第二个特点的存在，使得在团队生产中测定某一种生产要素的贡献程度，并以此为根据支付报酬变得很困难，从而给了每个参与生产的人逃避责任的动机。举个例子，有一群搬运工要把一块大石头运到山上。假设石头很重，需要所有人一起努力才能成功搬动石头，但如果发现大石头没有动，却并不能确切地知道是哪个人在偷懒。那么，如果有人认为，在搬石头的团队中，会有其他人不努力，那么对他而言，最优的反应就是也选择偷懒。我们知道，在一个团队中，如果没有一个较好的协调机制，那么所有人都选择出力的可能是很微小的，因此对于每个人来说，他们都认为其他人里面至少有一个人偷懒的可能性必然会大于认为其他所有人都努力工作的可能性。如此一来，自己也选择偷懒当然对所有人而言都是最优的选择了。按照以上这个逻辑，一些事情往往需要团队合作才能完成，但由于偷懒行为的存在，团队的合作又通常难以达成。

德姆塞茨对于经济学最大的贡献是其关于产权的研究。"产权"这一概念，虽然经常被提及，但每个人对于这个词的确切理解却往往大相径庭，这导致了分析上的混淆。因此要讨论产权问题，第一个重要任务就是要给产权下一个明确的定义。究竟产权是什么呢？在德姆塞茨看来，"所谓产权，就是使自己或他人受益或受损的权利"。值得指出的是，在德姆塞茨的语境中，产权针对的并不是某一项物，而是某一项特殊的行为。例如，某一个企业拥有"通过质量更高的产品打击竞争对手"的产权，而没有"以低于限价销售商品"的产权。德姆塞茨这种从行为考察产权的做法，其本质在于将产权理解为人与人的关系，而非人与物的关系。在进行了这种定义后，人们在考察产权变更后设计的受益、补偿等行为时，思路就变得更为清晰了。如果将产权理解为人与物的关系，就很难说明为什么人与物的关系的变更会引发人与人之间权利、义务的变动。同时，这种定义方法很直接地把用产权观点可分析的问题扩展到了对于生产资料，甚至财产分析的范围之外，从而使得人们能用产权来看待更多真实世界中的问题。

在明确了产权的概念后，德姆塞茨进一步阐述了产权和所有权之间的区别。在现实中，产权和所有权是两个经常被混淆，甚至被混用的概念。德姆塞茨认为，所有权和产权的区别，是一个整体和部分的区别。所有权是个整体，它可以包含多项产权——如果将产权比作一粒棋子的话，那么所有权就是整整一盒的棋子。例如，我们说对于一栋房子拥有所有权，那事实上是说拥有对于房子的一系列产权，包括使用、转让、出租、处置等，而其中任何一项具体的权利都构成了一项产权。

在明确了产权的概念以及产权和所有权的不同后，一个直接的问题就是"产权究竟有什么用"。在德姆塞茨看来，"产权的主要功能就是引导人们在更大程度上将外部性内部化"。所谓外部性，通俗地讲，就是人们在决策时带来的无须支付成本的副作用，它既可以是正面的，也可以是负面的。在经济运行中，由于人们并不能对外部性定价，所以会造成效率的损失。例如，如果没有相关法律约束，那么工厂排放废气就会对环境产生严重的负外部性。德姆塞茨认为，外部性的存在在很大程度上是由于产权界定不清引起的，如果产权清晰，那么外部性就可以很好地被内部化。还以工厂排放废气为例，如果规定周边居民有享受清洁空气的产权，那么一旦他们发现工厂排放废气，就可以向其索赔。这样一来，排放废气对于工厂而言就不再是不用支付成本的了，其需要重新考虑最优排放量。换言之，工厂排放废气所引起的外部性就被内部化了。

既然产权对于外部性的程度和经济效率有重要影响，那么设计合理的产权结构就对经济运行有至关重要的意义。对此，德姆塞茨在大量的著作中进行了讨论。值得一提的是，德姆塞茨指出了"产权残缺"的影响。前面我们已经提到，产权是定义在行为上的权利。但在现实中，有一些行为的产权是没有被清晰定义的，这就会为外部性的产生、经济效率的损失提供了可能。例如，在计划经济体制下，厂长能够干什么、不能够干什么，是很不明确的，同一行为，在某一政治形势下可能对，而在另一政治形势下就可能错。在这种背景下，厂长们的最优决策当然是"明哲保身，但求无过"，这成了当时企业严重无效率的重要原因之一。而在"权责明确"后，厂长拥有的产权，即责任和义务被清楚界定后，企业的效率也大多随之提高了——这体现的就是产权的作用。

二、理论内涵

（一）产权的定义

产权是财产权利的简称，然而，经济学家对于产权的定义却有不同的解释。关于产权的定义大体上可归纳为以下几种类型。

1. "所有权"说

具有权威性的《牛津法律大辞典》就持这种观点。该辞典解释说，产权"亦称财产所有权，是指存在于任何客体之中或之上的完全权利，它包括占有权、使用权、出借权、转让权、用尽权、消费权和其他与财产有关的权利"。

配杰威齐（S. Pejovich）把产权等同于所有权，进而把所有权解释为包括广泛的因财产而发生的人与人之间社会关系的权利束。他关于产权即为所有权的定义，与罗马法、普通法关于产权的定义是一致的。在罗马法中，产权被解释为几种权利的集合，即所有权、侵犯权、收益权、使用他人资产权、典当权。他进一步指出，罗马法中的"所有权"不过是对自身资产的使用权而已，而使用权是包含在通常所说的所有权范畴之中的。配杰威齐认为，所有权实际上也就是罗马法中所说的产权，只不过罗马法中把"所有权"特别定义为使用权。

2. "法律"说

所谓"法律"说，即从法律或国家强制性层面上刻画产权，认为产权是形成人们对资产的权威的制度方式，是一系列旨在保障人们对资产的排他性权威的制度规则。

这种观点较有影响的代表为阿尔钦。他明确指出，产权是授予特别个人某种权威的办法，利用这种权威，可从不被禁止的使用方式中，选择任意一种对特定物品的使用方式。显然，这里不仅是把产权作为一种权利，而是更强调产权作为一种制度规则，是形成并确认人们对资产权利的方式。

3. "社会关系"说

持这种观点的人反对把产权归为人对物的权利，认为这只是一种现象而不是本质，因而这是不正确的。巴塞尔（Barzel）指出："在产权与人权之间做出区分是荒诞的。人权只不过是人的产权权利的一部分。"

菲吕博腾（Furubotn）等人特别强调，产权不是指人对物的关系而是人与人之间的关系。这种关于产权的定义有两个特点：一是把人与物的关系视为产权发生的直接现象性原因，进而把人与人的关系视为产权的本质所在；二是把产权视为一种经济性质的权利，视为人们在使用资产过程中发生的经济、社会性质的关系。既然把产权定义为一种社会关系，运动便成为产权内涵的本质特征。

4."功能"说

这种观点认为，产权定义应从其功能出发，而不能抽象地加以解释；或者说真正的产权只能就其某种功能加以解释，抽象的定义产权缺乏解释力。

在西方学者中被广泛引用的德姆塞茨的关于产权的定义，本质上是从对产权功能和作用理解出发定义产权的，他把产权首先理解为人与人之间的社会关系，而不是简单的对物品的关系。他把产权视为一种多方面权利集合的权利束，从功能上分解这一权利束，分别从受益受损、外在性内在化、交易的合理预期等方面定义产权的作用，并进一步把产权归结为一种协调人们关系的社会工具。

（二）产权的功能

所谓产权功能，是指产权在社会经济关系和在经济运行中所显示出来的作用。产权的基本功能主要表现在以下四个方面。

1. 激励功能

产权经济学的一个共同特征是强调了产权、激励与经济行为的内在联系。产权会影响激励和行为，这是产权的一个基本功能。在市场经济活动中，商品的交易主要是产权的交易，而产权的交易归根结底体现为经济利益的交换与分配。显然，离开了利益关系，就无所谓产权关系。在经济运行过程中，若当事人的利益通过明确产权得到肯定与保护，则主体行为的内在动力就有了保证，这时，产权的激励功能就通过利益机制得以实现，反之则导致当事人失去动力，失去生产经营的积极性，从而使得经济运行效率低下。可见，产权的激励功能是很大的，而产权激励又取决于产权明晰，产权越明晰，产权激励功能就越高；反之则越低。当然，产权激励并不等于行为主体的全部激励；除此之外，还有其他方面的激励（如，荣誉的激励、个人全面发展的激励等）。

2. 约束功能

约束是一种反面的激励，约束与激励是相辅相成的。我们知道，产权关系既是一种利益关系，又是一种责任关系。如果说，只有利益而没有责任或者只有激励而没有约束，那么产权的功能就不能发挥应有的作用。因此，产权的约束功能表现为产权的责任约束，即在界定产权时，不仅要明确当事人的利益，而且要明确当事人的责任，使他知道侵权或越权的后果或所要付出的代价；如此一来，产权主体或当事人就会自我约束，这是内部约束。另外，还有外部约束（即外部监督），比如机构或股东对经理的监督，通过外部监督可以强化内部的自我约束，使当事人遵守产权边界和产权规则。总之，产权约束是产权的基本功能之一，它有助于提高产权运行的效率。

3. 外部性内部化

德姆塞茨指出："产权的一个主要功能是引导人们实现将外部性较大地内在化的激励。"在产权经济学家看来，只有当内在化的所得大于内在化的成本时，产权的发展才有利于使外部性内部化。一般来说，外部性问题只有在非完全竞争的条件下才会存在。现实世界是非完全竞争，因而存在着大量的外部性问题。所以，产权的一个重要功能就是在收益大于成本的前提下，尽量将外部性内部化。

4. 资源配置功能

它是指产权安排或产权结构驱动资源配置状态改变或影响资源配置的调节，具体表现在以下三方面。

第一，相对于无产权或产权不明晰状况而言，设置产权是对资源的一种配置，它能减少资源浪费，提高经济效益。

第二，产权的变动会同时改变资源的配置状况。

第三，产权结构影响甚至决定资源配置的调节机制。

三、理论比较

（一）马克思主义产权理论与现代西方产权理论

最早提出企业产权理论的社会科学家应该是卡尔·马克思。吴易风（2000）认为，马克思在《资本论》中使用的"Eigentum"（即英文中的"Property"），不仅是指财产这种"物"或"客体"，在多数场合指的就是财产权利关系，即产权关系。马克思的产权研究是基于生产资料所有制而产生的一系列人与人之间的利益关系问题的研究，他认为，所有制是生产关系的核心，决定着人们在生产过程中的各种利益关系。产权是所有制的表现形式，所有制是产权的基础。

而西方经济学对产权的研究层面更多是从企业制度层面来考察的。科斯在《社会成本问题》中对产权进行了开创性研究。他所致力考察的是经济运行背后的财产权利结构，即运行的制度基础。他的产权理论发端于对制度含义的界定，通过对产权的定义，对由此产生的成本及收益的论述，从法律和经济的双重角度阐明了产权理论的基本内涵。

科斯在《社会成本问题》中将交易成本概念进一步拓展为社会成本范畴，而社会成本范畴研究的核心又在于外部性问题。他指出，只要交易界区是清晰的，交易成本就不存在。如果交易成本为零，那么市场机制就是充分有效的，经济交易双方相互间的纠纷便可以通过一般的市场交易得到有效解决，外部性也就得以根治了。因此，如果交易成本大于零，产权的分配会影响资源配置的后果，企业体现了不同的权力配置关系，这是理解资源配置的关键。

科斯的产权理论核心是：一切经济交往活动的前提是制度安排，这种制度实质上是一种人们之间行使一定行为的权力。因此，经济分析的首要任务是界定产权，明确规定当事人可以做什么，然后通过权力的交易达到社会总产品的最大化。科斯的产权思想后来得到了威廉姆森、G.斯蒂格勒和张五常等产权理论研究者的进一步丰富和发展。

德姆塞茨（1989）认为："产权是一种社会工具，它之所以有意义，就在于它使人们在与别人的交换中形成了合理的预期。产权的一个主要功能是为实现外部效应更大程度的内部化提供动力。"因此，产权是和企业一体化密切关联的一个问题，企业的一体化在内部经营成本小于交易成本时就能减少市场摩擦带来的外部不经济问题。

产权制度安排包括各种所有权和控制权的合理配置，格罗斯曼和哈特（Grossman & Hart，1986）采用剩余控制权推导出所有权结构的差异会导致双方事前投资的激励扭曲，通过比较不同情况下投资激励的扭曲程度来确定企业一体化的成本与收益，这就一定程度上解释了企业选择一体化或非一体化的原因。按照他们的观点，剩余控制权授予了股东战略决策的投票权，如，经理的任命和解雇、经理的报酬、重大投资决策、公司的拍卖、并购等。公司间是否一体化，实质就决定了公司剩余控制权的归属。当一个公司的投资决策相比其他公司更为重要，一体化是最优的；如双方的决策都重要，则选择非一体化。

产权理论认为，企业并购的问题不仅为是否一体化，更重要的是资产由谁拥有更有效率，即最优的所有权结构问题。根据哈特的研究：①如果一个企业的投资决策是没有弹性的，最好把所有权交给投资决策有弹性的企业；②所有权应该集中在投资效率高的企业；③谁拥有必不可少的人力资本，谁就应该拥有资产的所有权。

（二）两个产权理论的异同

马克思产权理论和西方产权理论实际上有许多共同点。比如，二者都强调产权和制度的重要性，把制度安排当作影响经济绩效的重要因素；把产权都看作一种人与人之间的经济关系，把利益问题当作产权问题的核心等，但由于世界观和价值观以及方法论的不同，两种产权理论又有很大的差别。本书主要从二者的方法论、产权的内涵及产权与效率的关系方面来比较。

1. 研究方法的不同

西方经济学同马克思主义政治经济学的一大区别在于西方经济学是个体的研究方法。从亚当·斯密开始，理性人的假设就成了西方经济学的前提假设，尽管一些西方经济学家慢慢地抛弃了完全理性的假设，但个体的研究方法仍然没有改变。按照西方个体主义方法的逻辑，产权的关系首先表现为个人对财产的一种排他性占有关系，而这种排他性的占有在为经济主体带来经济收益的同时，也带来了一定的交易成本。因此，交易成本成了理解西方产权理论的关键。而产权制度的形成和变迁也是在一定的交易成本的约束下，个人追求最大化的利益的产物，或是在个人利益一定的情况下，围绕如何降低交易成本而采取一系列制度安排的产物。因此，西方产权理论对产权的分析是完全建立在以成本—收益分析为核心的理性经济人范式的基础之上的。

与此相反，马克思研究产权问题是从整体的研究方法出发的。当然，马克思并不是不重视经济中的个体，而是个体的社会性远远比个体间的差异性更为重要。马克思在分析商品时，强调商品劳动的二重性，即商品是具体劳动和社会劳动的统一，但他更强调私人劳动的社会性，即如果私人劳动不具有社会性，交易是不可能发生的，更不会产生人与人之间的产权关系。因此，根据这种整体主义的方法，马克思认为产权制度的形成和发展，并不是个人自由交易和自由契约的产物，而是生产力与生产关系、经济基础与上层建筑的矛盾运动的结果。不是个体理性导致了产权制度的变迁，相反，是社会结构和产权制度的变迁决定着个人的行为方式和选择空间。

2. 产权内涵的不同

首先，马克思认为产权是在经济活动中所形成的人与人之间的关系，是一种历史范畴，强调产权的社会属性。产权不是从来就有的，而是人类社会生产力发展到一定程度的产物。尽管西方产权理论也认为产权本质上是人与人之间的关系，但西方学者更强调产权是一种自然属性，他们把"天赋人权"的思想强加到产权身上，认为产权的属性是自然形成的，同时产权赋予人的权利是自然的结果，从而掩盖了产权制度下人类不平等的根源。

其次，马克思认为产权是一个生产的概念，而不是交易的概念。在马克思的分析中，作为生产概念的所有制关系，本质上是直接生产过程中发生的生产关系，是一个客观的与分配和交换是相互联系的经济过程。由于所有制关系或产权关系首先是一个生产范畴，而不是交易范畴，因而，产权关系的产生发展过程不是由交易方式的变化决定的，而是由生产方式的内部运动决定的，不是交易成本的大小而是生产力的发展构成了产权关系发展变化的最终力量。马克思主义的产权理论之所以忽略了产权中的交易过程，是因为马克思认为商品的生产远远比商品流通更为重要，通过商品生产，马克思发现了剩余价值的秘密，揭露了资本主义剥削的本质，而商品的流通过程，马克思认为仅仅是价值的实现及剩余价值的重新分配的过程。同时，马克思所处的历史时代也是马克思强调生产的原因，马克思所处的时代仍然是古典经济学时代。一方面，在古典经济学中，市场是完全处于出清状态，接近于完全竞争的状态，不存在信息不对称等问题，也就不存在交易费用等问题；另一方面，马克思所处的时代仍然是生产短缺的时代，生产是经济活动中最重要的活动。因此，相对于交易来说，马克思更重视生产是理所当然的。

在西方产权理论看来，产权首先是一个交易的概念。西方经济学强调资源是稀缺的，如何分配有限的资源从而使人类利益达到最大化是西方经济学研究的重点。他们忽视了产权的原始占有，或把它看作自然形成的结果，而直接研究资源的分配问题。在资源的分配中，效率是其中最重要的标准，因此，如何提高分配的效率是其中的最大问题。然而在现实生活中，资源的分配会产生大量的交易费用，为了降低交易费用、提高配置效率，产权制度应运而生。因此，产权首先是一个交易的概念。

3. 对于产权与效率关系的认识不同

马克思政治经济学是一门强调公平的学科，而西方经济学是强调效率的，因此，他们对产权与效率关系的看法有很大的不同。

首先，在产权中，什么权利最重要？在马克思看来，所有权是最重要的，因为生产资料所有制决定着社会的性质，决定着社会的分配方式以及资源的配置方式，从而影响着社会的公平。而在西方产权理论看来，关键是产权的使用权。谁有能力，谁能使资源更有效地利用，从而使资源配置效率更高，谁就应该是产权的使用者，因此，效率才是产权转让的实质。也就是说，初始产权的界定可能是低效的，但通过产权的交易，产权就可能实现高效运转。因此，建立一种有效的产权制度，使产权从低效人的手中转到高效人手中，从而使整个社会的效率提高，实现帕累托最优。

其次，关于产权结构与效率的关系，马克思分析了以下三种情况下的产权效率。

一是自然经济条件下的产权效率。马克思认为，在自然经济条件下形成的三种产权形式都不是纯经济性质的，而是与各种自然的、政治的因素掺杂在一起，表现为各种统治与从属关系，是不能自由运行的产权关系，这种产权制度是不利于生产效率的提高和生产力的发展的。

二是资本主义私有产权。马克思认为资本主义私有产权制度既有刺激生产率提高的一面，又有阻碍生产力发展的一面。在资本主义产权关系下，资本具有无限发展生产力的动力，但是资本主义的产权关系所推动的效率的提高又是有限的、历史的，它在促进生产力大发展的同时，又有阻碍，甚至破坏生产力的一面。随着生产社会化程度的不断提高，生产的社会化与资本主义的生产资料私人占有之间的矛盾将日益激化，经济危机将阻碍生产效率的提高，并造成生产力的巨大破坏。

三是马克思认为共产主义公有制时期的产权制度是最有效率的。一方面，在共产主义社会，消灭了资本主义私有制，从而消除了剥削的根源，使劳动者摆脱了对生产资料的依赖关系，实现了真正的自由和独立，从而激发了劳动者的生产积极性，提高了劳动效率；另一方面，在共产主义社会，真正实现了劳动者和生产资料的统一，完全实现了生产的社会化，从而消除了资本主义的基本矛盾，从根源上消除了经济危机的可能性。因此，在共产主义社会，生产效率最高。

而西方产权理论认为私有产权是有效率的，而公有产权是没有效率的。在西方产权理论看来，产权制度是否有效率，主要是看能否将外部性内在化。因为只要存在外部性，资源的配置就不是最优的，因而必然存在一种产权制度，从而使资源配置达到最优。而西方产权理论认为，在私有产权下，资源使用的价值和市场上体现的价值是一致的，从而通过产权的交易，消除市场的外部性。而公有产权，由于没有明确的成本承担主体和明确的受益主体，"搭便车"的行为就无法避免，从而造成公共资源的浪费，不利于资源配置效率的提高。

第二节　团队理论

产权理论的发展被视为实现效率收益的尝试，那么对于制度结构例如企业，也可以这样来考察。虽然我们开始考察企业作为节约交易成本的机制，但是没有去强调企业"内部"形成的契约关系确定了资源使用的产权结构。阿尔钦和德姆塞茨开始去回答解决"团队生产"问题的对策。

阿尔钦和德姆塞茨认为，企业的本质是允许人们作为一个团队进行工作，每一个团队成员的个人贡献不能分离和单独观测，只有整个团队共同努力和联合，结果是可以观察到的产出。而且，更复杂的在于，任何一个人的行为都会影响到团队其他成员的生产率。在这样的情况下，人们可能有意愿和动机去聚在一起商议，并同意考虑他们行为的外部效应。

那么，这一困境应该如何应对呢？我们知道，在一个团队中，如果没有一个较好的协调机制，那么所有人都选择出力的可能是很微小的，如此一来，自己也选择偷懒当然对所有人而言都是最优的选择了。按照以上这个逻辑，一些事情往往需要团队合作才能完成，但由于偷懒行为的存在，团队的合作又通常难以达成。那么如何解决偷懒问题呢？

阿尔钦和德姆塞茨指出，这可以通过引入一个进行外部监督的"中心签约人"来解决这一问题。以搬石头为例，既然搬运工之间的相互监督是困难的，那么为什么不外聘一个人来对所有人进行监督呢？如果在大家搬石头的时候，有一个人在冷眼旁观，谁用力了、谁没有用力都能一目了然，那么不就能强迫所有人都卖力干活了吗？从团队之外请一个监督人，这个解决思路是不错，但问题在于，那个监督人凭什么有积极性来从事这么无趣的监督工作呢？如果这个监督者只是团队中的另一个成员，其工作就是核实所有的团队成员是否正在努力地完成契约中的义务，这个监督者会有其他人同样的偷懒动机。正是这个原因，德姆塞茨和阿尔钦认为，为了保证监督者的积极性，最好的方法就是承诺让监督者获得剩余索取权，即如果工作完成了，除了按照贡献支付所有团队成员的报酬之外，剩下的财富都归监督者所有。在这样的设定下，监督者当然就有激励尽力监督团队成员，而在他的监督之下，原本几乎是"不可能的任务"的团队合作也就变得可以完成了。大家想想是这样么？如果剩余索取权的持有人的资格为监督者提供了激励作用而不仅仅是利益，他确实会严格要求团队的成员。但是如果团队成员可以忽视监督者的要求呢？这样的监督也一样会毫无意义。所以，监督者必须拥有改变契约安排和增加或减少（雇佣和解聘）团队成员的权利。这就成了契约中常见的部分，注意这里，这个观点和科斯是不同的，科斯强调从安排详细的多边契约成本来解释企业的本质，而阿尔钦和德姆塞茨是从团队生产的情况下，强调监督者有必要拥有控制契约安排的权利。在现实中，德姆塞茨和阿尔钦说的"中心签约人"对应的是企业的老板，而团队成员对应的则是企业的雇员。老板对于企业的雇员有监督的责任，所有老板能发现的问题就是工人的问题，而所有没有被发现的问题就是老板的问题。在分配上，工人们按照自己的努力得到工资；而企业的剩余，也就是利润则归属于老板。

那么，能不能提出例子对这个理论进行反驳呢？有人指出，比如，二手车中的柠檬市场。"柠檬"在美国俚语中表示"次品"，所谓"柠檬市场"就是次品市场的意思。1970年，31岁的著名经济学家乔治·阿克洛夫发表了《柠檬市场：质量不确定和市场机制》，开创了逆向选择理论的先河。他凭着该论文，摘取了2001年的诺贝尔经济学奖，并与其他两位经济学家一起奠定了"非对称信息学"的基础，该论文曾因被认为"肤浅"，先后遭到三家权威的经济学刊物拒绝。几经周折，该论文才得以在哈佛大学的《经济学季刊》上发表，结果立刻引起巨大反响。

阿克洛夫指出在二手车市场，显然卖家比买家拥有更多的信息，两者之间的信息是非对称的。买者肯定不会相信卖者的话，即使卖家说得天花乱坠。买者唯一的办法就是压低价格以避免信息不对称带来的风险损失。买者过低的价格也使得卖者不愿意提供高质量的产品，从而低质品充斥市场，高质品被逐出市场，最后导致二手车市场萎缩，市场失灵的局面。"劣币驱逐良币"是柠檬市场的一个重要应用，也是经济学中的一个著名定律。该定律是这样一种历史现象的归纳：在铸币时代，当那些低于法定重量或者成色的铸币——"劣币"进入流通领域之后，人们就倾向于将那些足值货币——"良币"收藏起来。最后，良币将被驱逐，市场上流通的就只剩下劣币了。当事人的信息不对称是"劣币驱逐良币"现象存在的基础。因为如果交易双方对货币的成色或者真伪都十分了解，劣币持有者就很难将手中的劣币用出去；或者，即使能够用出去也只能按照劣币的"实际"而非"法定"价值与对方进行交易。简单来说，货币是作为一般等价物的特殊商品，当货币的接受方对货币的成色或真伪缺乏信息的时候，就会想办法提供价值更低的交易物，而交易物的需求方（也就是支付货币的一方）相应地也会想办法用更不足值的货币来进行支付，最终导致整个市场充斥劣币。

举例说明，如，公司支付股利和餐厅选址的信息作用。如果公司支付股利，那么股东就要为此支付个人所得税；如果公司不发股利，留作留存收益，那么将来股价上涨，股东将会获得课税较轻的资本利得。但是由于股东和经理之间有着信息的不对等，股东并没有掌握完全的信息，因而他们只能把公司发放股利来看作公司运营良好的一个信号。同理，餐厅也会人为地选址在租金昂贵的地带，因为这会传递给消费者一个信息：这家餐厅食物很棒，也有足够的经济实力在此经营。由此可以发现，即使没有团队生产的情况下，不对称信息也可能会导致道德风险问题。有人会说，用单一的业主制来解决这个问题，后来威廉姆斯也强调，只要信息障碍导致了机会主义行为，这种观点也是适用的。

但是现代经济的发展已经使得组织结构变得更加复杂了，产权集中在单一持有人手中已经不是最有效率的产权结构了。比如，合伙制、股份公司，一组人共享剩余产品的索取权而由另一部分人监督生产投入的权利。

在现实中，德姆塞茨和阿尔钦说的"中心签约人"对应的是企业的老板，而团队成员对应的则是企业的雇员。老板对于企业的雇员有监督的责任，所有老板能发现的问题就是工人的问题，而所有没有被发现的问题就是老板的问题。在分配上，工人们按照自己的努力得到工资；而企业的剩余，也就是利润则归属于老板。这就带来了一个"偷懒问题"（shirking）：团队成员缺少努力工作的积极性。如何解决偷懒问题呢？就是让部分成员变成监督者（monitor），专门从事监督其他成员的工作。如何解决监督者的积极性呢？就是让他变成剩余索取者（即企业所有者）。为了使得监督有效率，监督者还必须掌握修改合同条款及指挥其他成员的权力。另外，监督者还必须是团队固定投入的所有者，因为由非所有者监督投入品的使用，监督成本过高。由此，经典意义上的资本主义企业产生了。尽管德姆塞茨和阿尔钦关于企业本质的理论仍然是显得过于简单，并且一些设定也和实际相去甚远，但这一理论深刻地涉及了企业的团队生产、内部监督、剩余分配等重要问题，确实将科斯以来的企业理论大大向前推进了一步。德姆塞茨和阿尔钦的企业理论是革命性的，他们改变了经济学家对企业本质的理解，对随后的组织经济学，特别是委托代理理论产生了重要影响。他们的企业理论是现代公司治理结构理论的重要基石。他们提出的"谁来监督监督者？"（Who monitor the monitor？），是所有组织（包括政府）必须面对的一个核心问题，对我们理解社会治理具有重要意义。

在一个完全透明的世界中，合约能够精确地规范他人行为，人们根本无须为激励他人而操心。只有在信息不对称或者看不到别人正在做什么（店员是否正在使用廉价部件？雇员是否正在偷懒？）的情况下，才必须为确保利益均衡而操心。这类情况所引发的就是众所周知的"委托代理"问题。委托人怎么才能让（类似于雇员的）代理人在自己无法时刻监控他们的时候，按照他的意愿去做事呢？最简单的办法是给努力工作的雇员部分或全部的利润。跟自己的利益挂了钩，雇员自然会比之前更加努力地工作。另一个办法就是支付效率工资。

第三节　交易成本理论

交易活动是伴随着人类生产活动中分工与专业化的出现及深化而产生和发展起来的，是人类古老的经济活动形式。而交易成为一个重要的经济学范畴，则应归功于 20 世纪初制度经济学的重要代表人物——约翰·康芒斯。康芒斯对交易进行了明确的界定和分类，并且使之与经济学中已有的生产概念相对应，从而把人类的全部经济活动归并为两类：生产和交易。生产是指涉及人与自然之间关系的活动，交易是指涉及人与人之间关系的活动。交易通常表现为物品或劳务在不同主体之间的让渡，但其核心是交易客体所有权的出让与取得，并且反映交易主体之间的不同关系。换言之，交易只存在于人类社会中，动物世界和一人世界不存在交易活动。交易活动的发生根源于资源的稀缺性所带来的个人经济条件的局限性及对个人效用最大化的追求；交易的发生应当能使当事人的经济状况获得改善，因而是当事人的理性选择。交易活动的关键是交易客体所有权的转移，并不一定表现为固定场所的买卖活动和有形物品的实际移动；现代经济的发展带来了交易过程的复杂化和交易形式的多样化。

根据康芒斯的分类，交易活动分为三类：买卖的交易、管理的交易和限额的交易。所谓买卖的交易是指当事人具有法律上的平等关系的竞争性的市场交易，表现为市场上的平等的买卖关系；管理的交易是指长期合约下的上下级之间的非平等交易，表现为上级与下级之间的命令与服从；限额的交易是指法律上的不平等关系，一般指政府对个体的限定关系。康芒斯关于交易的分类及其定义使原本不相干的关系类型统一在同一个范畴下，建立起了它们之间的内在联系，并使交易概念具有了普适性，从而为经济分析提供了新的概念框架，为交易成本概念的提出及理论的发展提供了前提。

一、理论产生

交易成本（transaction costs）的概念最早由哈里·罗纳德·科斯（Ronald H. Coase）在 1937 年经典文章《企业的性质》中提出，"明确地将交易成本引入经济分析中"。科斯是新制度经济学的鼻祖，美国芝加哥大学教授，芝加哥经济学派代表人物之一，1991 年诺贝尔经济学奖的获得者。科斯对经济学的贡献主要体现在他的两篇代表作《企业的性质》和《社会成本问题》之中，科斯首次创造性地通过提出"交易费用"来解释企业存在的原因以及企业扩展的边界问题。但科斯没有对交易成本进行精确的定义。按照古典经济学家的思想，市场是资源配置的最有效手段，那为什么需要企业？既然经济个体可以通过市场交易实现生产合作，为什么还要存在企业？当时理论界采纳的是亚当·斯密的观点，即企业的价值在于实现了基于劳动分工的专业化生产。科斯在《企业的本质》中提出，如果生产是由价格机制来调节的，那么生产就可以在没有任何组织机构存在的情况下利用价格机制调节进行。科斯又提出：既然价格机制可以调配资源，那么分工就可以在市场上完成，又为什么要存在企业？又是什么决定了企业的规模？

　　为了解释这个问题，科斯提出了"交易费用"这一概念。科斯认为，一旦交易费用为零，而且产权界定是清晰的，那么法律不会影响合约的结果。《企业的性质》独辟蹊径地讨论了产业企业存在的原因及其扩展规模的界限问题，科斯创造了"交易成本"这一重要的范畴来予以解释。所谓交易成本，即"利用价格机制的费用"或"利用市场的交换手段进行交易的费用"，包括提供价格的费用、讨价还价的费用、订立和执行合同的费用等。交易费用这一概念是新制度经济学的理论基石之一。科斯认为，市场和企业为相互替代而不是相同的交易机制，因而企业可以取代市场实现交易。为了节约交易费用，即用较低的企业内交易费用替代较高的市场交易费用。企业的规模被决定于企业内交易的边际费用等于市场交易的边际费用，或等于其他企业的内部交易的边际费用的那一点上。企业取代市场实现交易有可能减少交易的费用，市场交易费用的存在决定了企业的存在。企业在内化市场交易的同时产生额外的管理费用。当管理费用的增加与交易费用节省的数量相等时，企业的边界趋于平衡（不再增长扩大）。

　　现代交易费用理论认为交易费用的存在及企业节省交易费用的努力是资本主义企业结构演变的唯一动力。交易是分析的基本单元。造成各种交易存在成本差异的关键是交易的频率、不确定性及资产的专用性。各种一般治理模式（市场、混合型组织、私有机构、公有机构）都是由一系列属性所界定的，每一模式都表现为成本、竞争力上的离散的结构性差异。交易（其属性各不相同）与治理结构（其成本和竞争力各不相同）的对应方式各不相同，但主要都是以交易成本为目标。制度环境（政治法律制度、法律法规、习俗、规范）的变化将导致治理成本的变化。交易成本范式是对可行的备选方案进行比较制度分析。科斯在其1960年发表的《社会成本问题》中，认为"为了进行市场交易，有必要发现谁希望进行交易，有必要告诉人们交易的愿望和方式，以及通过讨价还价的谈判缔结契约，督促契约条款的严格履行，等等"。后经完善，交易成本被认为是为了达成交易目的而发生的确定交易对象、谈判并签订合同、监督合同履行及违约纠纷处置等成本的总和。

二、理论内涵

科斯提出的交易成本概念修正了新古典经济学原有的零交易成本的假设前提，使经济理论向现实性的方向迈进了一大步。交易的实质是人与人之间的关系，因而交易成本只存在于人类的社会关系中，任何不依赖于人类社会关系而发生的费用不属于交易成本而属于生产成本。交易与合约之间存在内在本质联系，从合约角度而言，交易成本包括：①合约当事人在相互寻找交易对象过程中搜集、传达和交换信息的成本；②对交易的商品或劳务进行描述、检查及度量的成本；③合约谈判、起单、签订以及履行的成本。

根据科斯的观点，市场和企业是两种可以相互替代的资源配置机制。市场利用价格机制来协调配置资源，而企业通过组织内科层制来协调资源规划，无论哪种资源配置方式都存在成本费用。市场配置资源过程中企业寻找贸易伙伴、商务洽谈、订立和执行合约等活动都会发生费用，即交易费用；企业内部的经营活动也要发生一定的费用，可称为组织费用。

该理论的核心思想就是把协调企业内部生产要素活动的成本（组织费用）与通过市场交易或其他企业内部进行经营带来同样结果的成本（交易费用）进行比较。如果企业内部生产要素活动的成本小于市场交易成本或其他企业经营带来同等结果的成本，则企业内部化相关生产活动，否则通过企业外部的交易来获得。这一理论不仅解释了企业的性质，也界定了企业的范围。随着企业规模的逐步扩大，企业的组织费用必然也逐步增加，当企业规模扩大到一定的程度，组织费用的边际增加额与交易费用的边际减少额相等时，即"企业内部组织一项交易的成本等于通过公开市场上的交换方式进行同一交易的成本或在另一企业内组织它的成本"，公司就会停止通过纵向并购扩大企业规模。

三、理论发展

科斯把节约交易费用看作是企业存在的唯一原因，完全忽视了企业组织在发挥协作劳动的社会生产力方面的不可替代的基本作用。例如，有些生产单个人根本无法进行，即使是最简单的针、铅笔的生产。因此，企业的存在不是用交易费用理论可以完全解释通的。此后，学者提出了交易费用理论的不足，并对交易费用理论进行了补充和发展。

（一）威廉姆森的观点

为什么会存在交易成本？这是因为我们都知道经济是稀缺资源的配置过程，是生产活动和交易活动的有机结合。无论是生产活动还是交易活动，必然表现为对稀缺资源的占有，既然资源是稀缺和有限的，那么注定人们要进行选择。因而，正如生产活动存在生产成本，交易活动也必然存在交易成本。但是，科斯虽然发现了交易的稀缺性是造成交易成本存在的原因，找到了一定的理论基础，却并没有深化和扩展交易成本究竟是如何产生的。威廉姆森在科斯的基础上进行了分析，他主要从人的因素、与特定交易有关的因素等方面出发，去研究交易成本的决定因素是什么。

威廉姆森发展了交易成本概念，是交易成本理论的集大成者。威廉姆森的交易成本理论是在新的人性假设基础上来研究合约行为问题的。他认为，现实经济生活中的人并不是"经济人"，而是"契约人"。契约人的行为特征不同于"经济人"的理性行为，具体表现为有限理性和机会主义，他把交易成本分为合同签订之前的交易成本和合同签订之后的交易成本。

1. 人的因素

（1）有限理性。有限理性是说主观上追求理性，但客观上只能有限地做到这一点的行为特征（如，下围棋）。威廉姆森认为，有限理性的主观理性部分导致最小化交易成本的动机。主观理性支持交易各方会努力抓住每一个机会以实现效率的假设，而对有限理性的重视加深了对各种非标准形式的组织的理解。既然人们的理性是有限的，交易当事人既不能完全搜集事前合约安排相关的信息，也不能预测未来各种可能发生的变化，从而在事前把这些变化一一讨论清楚写入合约的条款中，因此，合约总是不完全的。在这种情况下，交易当事人也许就要消耗资源选择某种仲裁方式，以便发生不测事件、双方出现分歧时合理地加以解决，而这必然增加交易成本。正如威廉姆森所说："理性有限是一个无法回避的现实问题，因此就需要正视为此所付出的各种成本，包括计划成本、适应成本，以及对交易实施监督所付出的成本。"

（2）机会主义。威廉姆森明确指出，机会主义行为是交易费用研究的核心概念。它对于涉及交易专用性的人力资本和物质资本的经济活动尤为重要。所谓的机会主义行为是指人们在交易过程中不仅追求个人利益的最大化，而且通过不正当的手段来谋求自身的利益。例如，随机应变、投机取巧、有目的和有策略地提供不确实的信息，利用别人的不利处境施加压力，等等。威廉姆森对机会主义的理解可以从这句话看出："我说的投机指的是损人利己；包括那种典型的损人利己，如撒谎、偷窃和欺骗，但往往还包括其他形式。在多数情况下，投机都是一种机敏的欺骗，既包括主动去骗，也包括不得已去骗人，还有事前及事后骗人。"

机会主义行为又分为事前的机会主义行为和事后的机会主义行为。前者以保险中的逆向选择为典型，投保人尤其风险较大的投保人不愿意坦率地披露与自己的真实风险条件有关的信息，还会制造虚假的或模糊的信息。这也就是逆向选择问题，由于信息不对称导致的。保险公司关于事件发生的概率信息要少于投保人。保险公司列出的条款是建立在一些基本信息的基础之上的，如，购买保险的人的年龄和体检历史，这些信息的获取成本是相对较低的。

事后的机会主义行为以保险中的道德风险、代理成本为典型，出现的是契约的执行问题，即已经取得保险的投保人不以完全负责的态度行事，不采取应当采取的缩减风险的行为。同时，正是这些机会主义的行为表现直接或间接地导致了信息不对称问题，从而使经济组织中的问题极大的复杂化了，其导致的一个直接结果就是合同风险。如果契约人只有自利行为而没有机会主义行为，那么人们可以相信缔约人将会忠实地履行他的承诺。但是，如果契约人会采取机会主义行为，那么他不仅不一定守约，而且还会见机行事，使事后的实际结果不是按合同而是按有利于他的方向发展。此时，怎样采取措施遏制机会主义也就有了经济意义，当然同时也带来了新的成本。那么"声誉"和"商誉"在信息不对称的市场中是非常有价值的。例如，如果欺诈行为在事后能够得到广泛传播，交易各方必然会产生维持良好信誉的动机。因此，商誉会降低搜寻成本，高质量产品和服务的交易可能比其他情况更容易发生。

除此以外，信号还可以发挥传递机制的作用。用广告、教育资格、保险扣除进行。这也可以解释，做广告对高品质产品的生产商而言是理性的，而劣质产品的生产商则不会。通过高成本的广告推广活动，生产商表达了产品吸引、留住客户的能力与信心。又如人们在找工作的时候，用人单位会根据学校排名进行选拔，这也是一个信号，如果教育的边际成本对高素质的工人来说较低，那么教育资格证书就可以作为一种信号。支付给那些具有一定教育资格证书的人更高的工资，对于那些认为取得种种教育资格证书的花费很低的人来说是有吸引力的。当存在信息不对称和逆向选择的时候，信号传递的作用是积极的，但是不能认为信号传递的结果总是对社会有益的。经营状态良好的企业中的管理者怎么向市场传递经营状况呢？一般是通过股价的上涨使得股东受益。如果股东没有意识到企业处于良好的经营状态，他们就很可能接受一个突袭的收购方提供的较低的价格卖掉公司。

不过，人的行为要受到法律的制约，违反了法律，就要受到法律的制裁，所以法律使损人利己的行为受到一定的节制。威廉姆森把人一有机会就会不惜损人而利己的"本性"，称为机会主义。人的这种本性直接影响了以私人契约为基础的市场效率。市场上交易的双方不但要保护自己的利益，还要随时提防对方的机会主义行为。每一方都不清楚对方是否诚实，都不敢轻率地以对方提供的信息为基础，而必须以自己直接收集的信息为基础做出交易决策。因此，机会主义的存在使交易费用提高。交易越复杂，交易费用提高的幅度也越大。威廉姆森认为，对于"机会主义"的认识，是他对经济学的贡献之一。一切足以引起提高市场交易费用的其他因素都是通过了人的机会主义行为，才会具体转化为交易费用的上升。

2. 与特定交易有关的因素

威廉姆森从人的因素、与特定交易有关的因素和交易的市场环境因素三个方面对交易成本决定因素的分析，将人与人的权利关系、人与人的相互冲突纳入到经济学框架中，从而在西方经济中创立一种新的范式。威廉姆森通过对与特定交易有关的因素，即他所谓交易的三个维度——资产专用性、交易的不确定性和交易频率进行分析，对这个问题进行了解释。不同的维度与交易成本有关，三者中，资产专用性最重要、最独特。

（1）资产专用性。按照威廉姆森的解释，资产专用性是指"在不牺牲生产价值的条件下，资产可用于不同用途和由不同使用者利用的程度"。即用作特定用途后被锁定很难再用作其他用途的资产性质，即使改为他用，资产价值也会降低。在当今这个消费升级的时代，个性化消费日益盛行，商店为顾客订制的饰品、衣服、家具、蛋糕，公司为家庭提供的旅游、装修等方案设计，都体现了商家对专用资产的投入，未来"资产专用性"概念会越来越重要。为什么要关注"资产专用性"这一概念呢？现实世界里，有限理性和投机动机是人类的本质特征。在生产商供给专用性产品时，如果购买者反悔，厂商只能将其低价处理而蒙受损失。这就说明，进行专用资产投入的一方在交易中面临着潜在风险，而为了缓解该风险所采取的措施就属于治理的范畴。即通过合约的方式，约束双方的行为，缓解潜在风险，降低交易成本，实现福利的提升。

（2）交易的不确定性。包括经济生活在内的人类社会发展变化，都不是简单的机械运动，不可能完全准确预测未来的局势；或者说，充满着不准确性。在市场中，一项交易从发生到完成需要持续一段时间，在该时期中可能会发生很多影响交易双方权利和义务的事件，从而影响交易契约的执行。又由于合同执行者很可能有机会主义行为，那么，当市场条件变化对他不利时，他可以借口契约的前提改变而停止履行合同，在不违反法律的情况下给交易伙伴造成损失。为了避免这种情况的发生，交易双方将尽可能地把契约写得十分复杂，力图包括一切未来的可能性，以及每一种情况发生时双方的权利和义务。但是，任何契约都不可能是完全的，总会给机会主义行为留下可乘之机。其基本态势是，交易本身越复杂，交易谈判及其所达成的契约越趋复杂化，交易费用就越高，市场作为一种交易的管理机制其效率就越低，甚至不能完成交易。通俗一点来说，就是指一种资产一旦形成，就只有一种用途，而不能转作他用。比如，一个企业生产汽车发动机，另一个企业组装汽车。生产发动机的企业将发动机卖给组装汽车的企业。在竞争条件下，这两个企业在投产之前处于完全平等的地位。但如果生产发动机的企业除了将发动机卖给组装汽车的企业以外，没有其他市场，则一旦生产发动机的企业投产，他的资产就具有了一种专用性。如果组装汽车的企业还有其他的发动机供应来源，则生产发动机的企业就严重依赖于组装汽车的企业。结果，生产发动机的企业在交易中就处于不利地位。如果生产发动机的企业估计到这种情况，事先采取一些预防措施，这种预防措施就成为一种交易成本。假如这种交易成本足够大，生产发动机的企业就不会投资生产发动机。如此一来，在没有其他供货来源的情况下，组装汽车的企业就只有自己生产发动机了。于是，两个企业由于交易成本的存在而成为一个企业。这一理论解释了为什么在有些条件下上下游企业会一体化。

（3）交易频率。交易频率指的是交易发生的次数。交易成本分为签订合同前的交易成本和签订合同后的交易成本。前者是指"草拟合同，就合同内容进行谈判以及确保合同得以履行所付出的成本（交易成本经济学坚定地认为，与签订合同有关的各种成本都应该受到同样的重视。）"。后者有以下几种：①不适应成本。交易行为逐渐偏离了合作方向，造成交易双方互不适应的成本。②讨价还价成本。如果交易双方想纠正事后不合作的现象，需要讨价还价所造成的成本。③启动及运转成本。为了解决合同纠纷而建立治理结构（往往不是法庭）并保持其运转，也需要付出成本。④保证成本。为了确保合同中各种承诺得以实现所付出的成本。

交易发生的频率。治理结构的确定和运转是有成本的，这些成本被带来的利益所抵消的程度，取决于在这种治理结构所发生交易的频率。

（二）张五常的观点

张五常在其《经济解释》中提到了诸多有关交易成本的内容，但他并不满意"交易成本"（transaction cost）这个翻译，因为他认为交易成本有更广泛和深入的含义。

1. 制度必有交易成本

关于"制度费用"，张五常认为，任何一种配置资源的机制，无论是价格机制还是非价格机制，都必然对应着一种"制度费用"，而人们到底会选用哪种机制，取决于在具体的现实条件下，"制度费用"最低的是哪一个。

比如，人们用价格机制来配置生活中大部分商品，但教室中的座位往往采用"谁到得早谁先挑"的非价格机制——因为采用价格机制带来的"制度费用"太高了，超过了其配置结果所增加的收益。以及，前文提到企业内部的资源配置，采用的是非价格机制，也是因为企业作为一个整体，由企业家来安排生产计划和人员薪酬，"制度费用"也会大大降低。

一方面，如果把国家当作一个巨大的企业，在国家内部虽然大部分资源配置还是采用价格机制来完成的，但是，如，政府公务员、公安局、法院、检察院、军队，等等，其职务和薪酬往往并没有那么"市场化"，而他们又是维持整个国家内"价格机制"运转的重要角色。所以，从交易成本的角度来看，他们的薪酬可以视为配置其他资源的价格机制的交易成本——这部分薪酬很大比例上来源于税收。所以，对于一个国家来说，其价格机制的制度费用的多少，一定程度上可以体现为税收的多少。

另一方面，除了税收这个显性的表现以外，因为机制不健全、激励不准确或不足，导致的"价值耗散"，也可以理解为一种隐性的"制度费用"。比如，中国过去在农村采用联产承包责任制后，农民的干劲更足，产量增加，也意味着在那之前的机制导致了大量"本应产出的价值被耗散"，这其实也是"制度费用"。相似的例子还有曾出现或正在出现的"官倒""懒政""走后门"等现象。

沿着这个思路想，购买食物是为了得到维持生命的能量，那么走路、排队结算花的时间等是交易成本，甚至连做饭、吃饭的时间都是交易成本；看网络公开课是为了得到知识，那么如果视频拖沓不如看文章得到干货的速度快，多花的时间也是交易成本。

交易成本无处不在，因为价值的耗散无处不在——对于实现一个目标，所有不与实现目标直接相关的环节都是价值耗散，都是交易成本，这岂不是让人难过？那么，我们如何能尽可能降低交易成本，实现对耗散价值的"打捞"呢？显然，首先是"专注"，尽可能省掉不必要的环节，直奔目标而去，即"少做无用功"；其次，不要"太专注"，不要忘了抱着一个享受过程的心态，吃饭的时间可能是被耗散的价值，但如果考虑到品位美食的幸福感，它便不是了；最后，妥善利用被耗散的价值，比如，在网络公开课视频的页面中插入广告，便是平台方在打捞耗散的价值。

交易费用理论最大的贡献是打开了企业的黑箱，它试图去解构企业，把企业同市场做对比以弄清楚企业的产生、运行和边界等一系列问题。目前形成的交易费用理论融合了多种学派的观点，总的来讲，基本论点有四个：①市场和企业是两种可以互相替代的交易机制，企业取代市场实现交易可以降低交易费用；②市场交易费用决定了企业的存在；③企业内化市场交易时会产生管理费用，当管理费用的增加与市场交易费用的节省相等时，企业边界趋于均衡，企业规模确定；④交易费用的存在和企业节省交易费用的努力是企业经济组织演进的根本动力。

交易成本解释了企业存在的原因和决定企业规模的因素。这些因素对"资本主义的各种经济制度的主要目的和作用都在于降低交易成本"。〔威廉姆森（Williamson），2002〕同样，我国关于国有企业的各种制度设计的主要目的和作用也应该是降低交易成本。我国国有企业交易成本普遍较高，这就需要从明晰产权和减少内部交易链条出发来减少和降低交易成本。如，分红对降低国有企业的交易成本无疑具有积极作用。

做大做强、兼并重组是我国国有企业改革的重要途径。同样，考察美国企业发展历史可以发现，没有一个美国公司不是通过某种程度、某种方式的兼并而成长起来的，几乎没有一家大公司主要是靠内部扩张成长起来的，这些公司兼并后能大大降低交易成本，提高竞争力，实现规模经济。交易成本学说也为我国国有企业进行跨国并购提供了理论支持。

第四节　委托代理理论

一、理论产生

它的提出最早可追溯到亚当·斯密，这是经济学说史上首次提到两权分离后引起的代理问题。此后，很多经济学家如约翰·穆勒、阿尔弗雷德·马歇尔、托斯丹·邦德·凡勃伦等都对委托代理问题有所涉及。1932 年，伯利和米恩斯正式提出了"委托代理理论"（也被称为"伯利—米恩斯命题"），他们提出的所有权和控制权分离的命题突破了传统的企业利润最大化的假说，从理论而非实证的角度，开创了从激励角度研究企业之先河。后经曼因、罗斯及詹姆斯·莫里斯等人的不断推进，以詹森和麦克林（Michael Jensen & William Meckhng，1976）的《企业理论：经理行为、代理成本和所有权结构》一文为标志，委托代理问题的研究方法正式定型。

二、理论内涵

委托代理理论也被称为股东股权至上的公司治理理论。随着现代企业制度观点的提出，人们意识到委托人和代理人两权分离已经成为现代企业中普遍存在的现象，企业股东是企业的出资人，他们掌握着企业的所有权，而企业的高管则掌握着企业的控制权，双方都希望实现自身利益的最大化，二者之间又存在信息不对称的情况，这最终导致双方目的不相同从而引发了委托代理问题。该理论的发展也同时促使学者寻找解决代理问题的途径，开始了企业治理机制安排的探索。基于委托代理关系，这一时期学者们多数认为，企业应当找到能够最大限度保护股东利益的制度安排。对于那些享有企业所有权并为自己争得利益的股东们就要采取一系列行之有效的激励、监督和约束措施，这样才能试图使得企业的管理人员尽自身所能管理好公司并为企业争取更多的利益，最终实现股东利益的最大化。而董事会就是在这种情况中产生的，以董事会作为基础建立起企业内部治理机制代表股东利益，约束高管的行为。可见，在这种观点的思路下，企业股东作为最终所有者，企业的经营安排目标理应实现股东利益的最大化，这种无条件地以维护股东利益为出发点的视角即是股东股权至上视角。

委托代理问题是伴随着所有权和经营权分离产生的。所谓委托代理问题是指由于代理人目标函数与委托人目标函数不一致，加上存在不确定性和信息不对称，代理人有可能偏离委托人的目标函数而委托人难以观察并监督之，出现的代理人损害委托人利益的现实。

委托代理理论的基本分析逻辑是：在激励相容约束和参与约束两个条件下，寻找委托人设计的最优契约，让代理人的努力水平符合委托人的利益。规范的代理理论追求特定形式的合同设计，注重对问题的数学模型化处理，从效用函数、不确定信息分布和报酬安排出发，构造风险适当分担的合同关系。

在委托代理视角下，企业管理人员事先与企业签订合同并且在合同中明确列出了代理双方所涉及的价值分配、资源索取等问题。但这种视角明显存在不完善的一面，并不能全面描述企业治理中的全部现象。该观点更加看重企业所具有的物质形态的资产，股东是企业物质资本所有者，因而理应受到保护。它仅仅意识到现在治理机制下股东所面临的风险，因而也就格外强调需要维护股东的利益。但是它没有察觉企业管理者同样会在经营之中面临一定的风险，同样有维护利益的需求。因而可以认为，这种观点将企业看作由其所掌握的物质资产相组成的，因而忽略了企业中"人"的因素。

三、理论发展

随着众多学者的不断探究，委托代理理论下的企业治理理论逐步意识到了企业管理者起到的作用，承认了高管索取企业剩余控制权的存在。任意一种的企业治理机制都不可能是完美的，完全事先制定合同的制度安排假设是不合理的。代理双方建立事后可调的合同，双方共同享有企业剩余价值的控制权。尽管如此，股东权益仍是这类观点的主要侧重对象，股东利益最大化是该观点的出发点。他们强调企业物质资本的地位，而忽略企业管理者的作用，尽管理论中认为高管同样具有企业剩余价值的控制权，但并不认为高管具有这种价值的所有权。他们认为企业的收益应当属于所有者，所有者的收益权应当得到保护。

委托代理理论视角中的以股权为核心的企业治理机制作为治理理论发展的第一阶段，同时具有古典资本主义视角和新资本主义视角的特点。它背后所体现的物质形态资本为核心的理论模型至今仍能较好地反映企业各种经济现象。但是在现代化企业中，非人力资本的地位下降，人力资本在企业中的地位得到提升，按照委托代理理论得到的企业治理模型必然无法适应这种新的情况。忽略企业经营活动中其他参与者的利益与当代企业发展近况是不相符合的。这也催生企业治理理论向下一阶段发展。

委托代理理论是契约理论的一个分支，也可以称为"完全契约理论"。也就是说，契约完全假定缔约双方可以考虑到所有可能发生的情况并以可证实的条款写入合同之中，而且合同能够被第三方（如法院）无成本地强制实施，因此，关键的问题是如何在事前设计精细的激励机制。

公司治理更多是一个机制的组合，目的是确保公司管理者（代理人）为一个或数个利益相关人（委托人）的权益来经营公司。这些利益相关者包括股东、债权人、供应商、客户、员工以及与公司开展业务相关的合作者。

施莱费和维什尼（1997）对公司治理问题的实质进行过论述，他们认为投资者在构建企业时，通过制定合理的制度安排从而能够获得所期望的收益，这就是企业治理问题的实质。随着企业治理理论的发展，该理论的研究对象从仅仅关注保护企业投资者利益逐渐发展为企业中所有利益相关者，确保利益相关者均能取得恰当的资源安排权和索取权，形成一套综合的企业治理系统。

委托代理理论的早期文献，探讨的是单一委托人、单一代理人、单一代理事务的双边委托代理问题，这种情况下，委托人无法观察或控制代理人的努力，蕴含着一个重要的效率损失，即在满足激励相容约束和参与约束条件下的结果是次优的。

委托代理真正成为系统的理论，是以寻求系统地解决代理问题的方法开始的。委托代理问题有两种表现形式："逆向选择"和"道德风险"。所谓"逆向选择"是指代理人利用事前信息的非对称性等所进行的不利于委托人的决策选择；所谓"道德风险"是指代理人借事后信息的非对称性、不确定性以及契约的不完全性而采取的不利于委托人的行为。

为了解决委托代理问题，经济学家提出了种种方法，主要有：

第一，给代理人一定的剩余索取权。为了解决监督问题，让监督者拥有剩余索取权，这样监督者就获得了一种作为监督者不再偷懒的激励。监督的专门化加上他对作为一个剩余索取者身份的依赖，将使偷懒减少。

第二，利用外部机制监督约束代理人。外部机制是指企业外部形成的激励监督约束机制，如，市场机制、法律机制、政府管制、中介机构、新闻媒体、公众舆论、社会道德等对代理人的约束。

第三，设计有效的激励约束方案，并对代理人进行严格监督和准确评价。激励机制设计有两个原则：其一是参与约束，即代理人参与工作所得净收益必须不低于不工作也能得到的收益；其二是激励约束，即代理人让委托人满意的努力程度也是给自己带来最大收益的努力程度。

第四，改进和完善公司治理结构，强化股东对董事会的约束机制。

四、理论缺陷

经过几十年的发展，委托代理理论取得了重要的研究成果，为大家分析现实问题提供了强有力的框架，被广泛应用到各个领域，也对现实中的很多问题，比如，控制权的分配以及共同决策过程具有很强的解释力。然而，委托代理理论仍存在一些缺陷，主要体现在：

第一，所依赖的假设需完善。委托代理理论两大假设之一的信息不对称假设，主要指契约形成后的道德风险问题，而实际上，在契约形成之前，就可能存在信息不对称问题，也就是逆向选择问题。同时，该理论隐含的假定没有或很少有谈判、制定、实施合同的交易成本，这也与现实不符。

第二，研究方法是单向的。该理论仅仅从委托人角度来主动设计提供最优契约，条款不经双方讨论，代理人只能被动接受或拒绝，如果接受，只能在契约框架内行动，显然这是不全面的。

第三，结论不明确。不论是基本的双边委托代理理论还是其后的拓展理论，结论都是不明确的，所以，对现实的意义就打了折扣。

第四，委托代理产生的内部人控制问题。

中国资本市场的 20 多年的发展使得我国上市公司的治理不可避免地存在一些缺陷与不足，例如，一股独大的现象、职业经理人市场尚未形成，以及相关法律法规的不健全等问题，造成了高管在职消费的可能。其中最突出的问题，为"内部人控制"问题。

现代企业中所有权与经营权的分离产生了股东与公司的管理人员之间委托代理问题。为了确保代理人的行动符合委托人的要求，公司治理就是通过综合运用各种手段和策略，来确保公司的投资者借此获得相应的投资收益。换言之，公司治理所要研究的问题就是如何有效地保护公司投资者也即是股东的利益。通常来讲，公司的管理人员掌握着公司的控制权，而股东享有的则是对于公司的所有权，尽管这样，由于信息不对称，每一方都想要争取自己最大的利益，所以，就有可能导致管理人员追求的目标可能与股东目标不一致。所以，对于公司享有所有权并且想要通过该所有权为自己挣得利益的股东们就要采取一系列行之有效的激励、监督与约束机制，才能够试图使得那些管理人员尽自己一切的努力做好本职工作，也就是管理好公司，争取公司利益最大化，这样也就间接实现了股东利益最大化。股东们通过一系列的条件限制而遴选出一部分管理人员来替自己管理公司，甚至分配了股权让管理人员心甘情愿地服务于公司；这样一来，对以股权至上为核心公司治理理论将会受到冲击。

"内部人控制"也是现代企业中两权分离的产物，由于代理双方信息不对称且利益不一致，这就有可能造成高管实际上控制了企业的经营活动，也即企业的经营全部由内部人所掌控，股东则无法实行有效的监督。青木昌彦认为，这种由于股东或债权人无法有效监督，企业经营者直接掌握企业决策权、追求个人利益的情况在处于经济转型期的国家中往往更有可能发生。在国有企业，国家作为企业的所有者，企业决策很大程度被管理人员所掌握。在这种企业控制权从企业家流向管理者的前提下，学者构建了"内部控制人"的公司治理理论模型，这种理论描述的就是企业剩余的索取权和企业剩余控制权失衡而造成的管理者侵害股东权益的行为。胡新文（2003）将"内部人控制"分为法律上的内部人控制和事实上的内部人控制。前者是指高管得到了企业的股权因而具有了受到法律保护的企业控制权；后者则是指企业高管不具有公司股份，也即其在并不具有所有权的前提下掌握了企业决策的支配权。而在转型期中所出现的内部人控制多是指第二种情况。国有企业存在双重代理问题，国家作为中间代理人并不能直接掌握企业的经营策略而仅仅掌握高管的任命权，委托管理人代为经营。国企高管在不具有所有权的前提下却掌握了企业的绝大多数决策能力。这种所有权与控制权的失衡使得转型期的国企中存在很多国有资产侵害现象。

该理论对处于经济转型期的我国具有很好的借鉴意义。内部人控制现象的存在使得股东失去了对企业的控制，因此"股东至上企业治理模型""相关利益者共同控制模型"均失去了解释能力。青木昌彦主张建立这种"内部人控制模型"，他认为此时既然内部治理机制严重失效，我们就应当利用企业外部治理对企业进行监控。此外，对高管实施股权激励，使得管理层也成为股权掌握者进而能够保证代理双方利益趋于相同。

第五节　其他前沿理论

一、金融市场论

自 1932 年美国学者贝利和米恩斯提出公司治理结构概念后，众多学者从不同角度对公司治理理论进行了研究。国内学者于东智（2005）在分析了不同学者对公司治理理论的看法后，提出公司治理理论可以从微观和宏观两个方面进行分类。宏观理论包括金融市场论和市场短视论。微观理论包含契约理论、委托代理理论、受托责任理论和利益相关者理论等。

金融市场论是将市场作为主要的公司治理主体，认为公司治理在现实运作中确实存在着一些问题，但这些问题可以通过建立有效率的市场（控制权市场、经理市场、产品市场等要素市场）来对无效的公司内部治理加以改进，而不希望政府进行干预。

金融市场论主要是基于市场治理是最优的假设。支持者认为，公司治理问题可以通过消除要素市场和控制权市场上的人为限制来得到解决，而政府干预可能会对现有市场机制造成扭曲、僵化。政府最好的做法就是将控制权交给企业，由企业根据自身实际情况来对其治理结构进行调节。该理论在 20 世纪后半期的公司治理重构中发挥了重要作用。

二、市场短视论

市场短视论与金融市场论的观点恰恰相反，因此，可以看作对市场有效假设的一种修正。该理论认为，市场往往低估了经理的短期化行为，公司施加的短期压力迫使经理注重股价和抵抗敌意收购，而忽视了公司的长远发展。

国内学者胡新文、颜光华（2003）认为，市场短视论在加强股东对公司控制的同时，减轻了股东所施加的短期股票价格的压力。

三、契约理论

契约理论是制度经济学领域中非常重要的分支之一。该理论是研究在特定交易环境下不同合同人之间的经济行为与结果，往往需要通过假定条件在一定程度上简化交易属性，建立模型来分析并得出理论观点。

经济学领域的契约理论起源于新制度经济学鼻祖、1991 年诺贝尔经济学奖获得者罗纳德·哈里·科斯 1937 年的著作《企业的本质》。该理论在两个不同方向开始发展，一个是完全契约理论；另一个是不完全契约理论。

完全契约理论又称为委托代理理论，遵循的是以经济人假设为核心的新古典经济学研究范式，并基于委托人和代理人之间利益相互冲突、信息不对称的假设，研究委托代理关系，即解决委托人对代理人的激励问题。

委托代理理论是公司治理理论的重要组成部分，随着公司的逐步发展，股份制公司产生，也由此产生了两权分离理论，即所有权与控制权的两权分离。

公司所有者为了实现利益最大化而聘请经理人来进行管理，可是只有所有权的所有者如何监督拥有控制权的经理人，帮助自己经营公司，实现利益最大化，而非滥用经营决策权，这是委托代理理论所要解决的核心问题。

为了解决这一问题，以确保公司所有者的利益不被侵害，委托人就必须建立一套有效的制衡机制来规范、约束并激励代理人的行为，减少代理问题、降低代理成本、提高代理效率，实现对经营者的激励和监督。

传统的委托代理理论多适用于西方国家股权分散的上市企业，为对中国股权集中的上市企业提供理论帮助，学者们提出了双重委托代理。

双重委托代理是与传统委托代理相对应的一种委托代理方式。它指出在股权相对集中的上市企业中，不仅存在着控股股东或大股东与企业经营者之间的委托代理问题，而且存在着控股股东或大股东与中小股东之间的委托代理问题。

在股权分散的企业中，股东与经营者之间的利益冲突呈现出经营者强而股东弱的特点，但在股权集中的企业中局面则相反。在监控经营者方面，中小股东相对处于弱势，由于监控成本较高，则由大股东来全权监管，由此产生了控股股东或大股东与中小股东之间的委托代理问题。

另外，在股权集中的企业中，主要由控股股东或大股东代理实行监管职能，这可以有效降低对经营者的代理成本。但是，控股股东或大股东却很可能为了自身利益而去侵占中小股东的利益，为此中小股东需通过监管、激励来使大股东侵占其利润最小化。总之，对于股权相对集中的上市公司来说，可以用双重委托代理来调整公司的治理机制。

不完全契约理论认为，契约是不完全的，所签署的契约不能完全准确地描述与交易有关的所有未来可能出现的情况，以及在每种情况下契约双方的权责。

因为人们的有限理性、信息的不完全性和交易事项的不确定性，使得制定完备契约的成本过高，制定完全契约是不可能的。不完备契约在签订之时相较于完备契约的成本要低很多，但大量的契约漏洞可能使事后的交易成本较高。目前几乎所有的经济学家都认为，现实中的任何契约在细致观察下都是相当不完备的。

四、利益相关者理论

利益相关者理论最早由国外学者 Freeman 在其出版的《战略管理：利益相关者视角》中提出，该理论是与传统股东至上理论模式不同，它认为现代公司是由各个利益平等的利益相关者所组成，任何一个公司的发展都离不开各利益相关者的参与，股东只是利益相关者的一员，公司经营者需要为所有利益相关者的利益服务。有效的公司治理结构应当能够向这些利益相关者提供与其利益关联程度相匹配的权利、责任和义务。

总体而言，公司治理理论虽然在我国发展的时间较短，但是西方对公司治理的相关研究已经相对充分，很多学者对公司治理的研究已经不仅仅局限在单纯的公司治理理论，更多的是结合社会学、心理学等其他学科的相关理论探究董事和高管等的外部影响因素及对公司治理的作用机理。

第三章

内部公司治理的结构框架

关于公司权威分配的内部治理结构，包括股东治理、董事会治理、管理层治理，以及以员工、工会、监事会、内控部门、企业党组织为代表的其他内部治理机制。公司内部治理结构是否完善周全直接关系到公司整体治理水平的高低，良好的内部治理体系是公司治理目标得以顺利实现的基础和保障，"修好内功"至关重要。

第一节　股东治理

作为企业权益资本的主要供给者，股东既是公司的所有者，对公司的重大战略决策拥有最终控制权，也是公司经营发展风险的最终承担者，尤其当公司陷入破产清算境遇时，股东只能位于债权人及员工等之后就剩余财产求偿。因此，为了保证自身投资安全且能按期最大化收回投资回报，股东群体从整体上有充分的动机积极参与投资企业的公司治理，借由资本力量雇用最佳利益代言人，并通过监督与制约职能规范管理层行为，及时识别并处理潜在矛盾与利益冲突，督促管理层以股东利益最大化为原则开展对公司日常事务的有效管理，推动企业长期发展与资本增值。参考现有研究成果，本书将为更好地保护股东利益而进行的制度机制设计称为股东治理。下面将基于股东治理讨论内部治理结构对公司治理的重要意义。

一、股东治理的积极效应

作为公司最高权力中心，架构完善、运营良好的股东治理体系（包括股东构成、股权比例、股东性质、股东大会的召集程序与议事规则等）是公司内部治理得以顺利实施、高效运行的基石和保障，是公司治理结构的关键环节。多年实证表明，充分的股东赋能有助于提升股东对公司决策的参与度，控制股东权力斗争损耗，提高公司经营效率和优化公司绩效表现，最终促进公司的市场反馈和提升公司的股票价值。

从关于股东治理效应的跨国证据来看，股东投票有助于规范董事行为，遏制资源低效利用，提高经营水平。有学者基于对世界范围内公司权益融资方案股东批准与公告反应关系的研究，发现：未经股东许可、纯粹由管理层推动的募股融资方案，市场对其给予负向反应；反之，若方案得到股东的支持与背书，市场反应积极且正向，说明股东能通过理性行使投票权，有效约束管理层行为，降低代理成本。就中国证据而言，马新啸等（2021）以国有上市公司为研究对象，实证研究发现非国有股东参与国企董事会治理能有效降低企业冗员规模，提升资本密集度，激发企业生产经营活力，优化资本市场表现。

二、股东积极主义

在参与方式上，以大股东（含控股股东）、中小股东为代表的股东群体可以通过监督与约束、建议与咨询甚至股东诉讼等多种途径参与投资公司的经营决策过程。在探讨具体的参与渠道前，我们有必要明确大股东、控股股东等定义下适用的异质性持股比例，进而针对不同类型的股东角色探索针对性更强的治理方式。

大股东（控股股东）在实践中作为和中小股东（少数股东）相对的概念存在，在持股比例区间上常常需视具体的资本市场情境而定。在以英美为代表的股权高度分散、以大量中小股东参与者为主体的成熟资本市场，我们通常参照 La Porta 等人（1999）提出的定义方式，将持股比例在 20% 甚至 10% 以上的股东称为大股东。相较于极为分散的中小股东股权，20%（甚至 10%）的持股比例足以使权益持有人对公众上市公司经营决策产生重大影响。在我国证券实务当中，投资者通过各种方式持有上市公司已发行的有表决权股份达到 5% 时即需面向市场和监管机构公开披露，可见 5% 也是一个重要的持股比例分界点。另外，我国《公司法》规定，连续 90 日以上单独或合计持有上市公司 10% 以上股份的股东甚至有权自行召集和主持股东大会，足见持股比例在 10% 以上的股东在实践中已经具有事实上的重要话语权。

在大股东群体中有一类角色地位更为特殊的存在——控股股东。控股股东指凭借股权或表决权能对股东大会决议产生重大影响的具有控制力的股东。我国《公司法》界定出资比例或持股比例在 50% 以上，或者所享有的表决权足以对股东大会表决权产生重大影响的股东为控股股东，实务中一般还可细分为持股比例在 50% 以上的绝对控股股东和持股比例在 30% 以上的相对控股股东。需要特别注意的是，在控股股东存在的情况下，公司的决策权掌握在控股股东而非管理层手中，大小股东间的第二类委托代理成本不可忽视。另外，公司的第一大股东并不必然是控股股东。第一大股东是在公司所有股东中持股比例最高的股东，更强调相对概念，并不必然形成控制地位。控股股东在概念上也不能与实际控制人混淆：控股股东必须直接持有公司股权；而实际控制人可以不直接持有公司股权，而是通过投资关系、协议或者其他安排实际支配公司行为。最后，我们还需辨别清晰《一致行动人协议》下的一致行动人概念，即股东通过协议、合作、关联关系等合法方式扩大对上市公司股份的控制比例或巩固其对上市公司的控制地位，在行使公司表决权时采取相同的意思表示。上述股东之间的关系称为一致行动关系。

大股东／控股股东地位的战略意义在于，股东大会是公司的最高权力机构，企业一切重大人事任免和重大经营决策一般都需经股东大会批准和认可。根据我国《公司法》，股东大会作出决议，必须经出席会议的股东所持表决权过半数通过（简单多数规则）；对于特殊或重大事项（如，修改公司章程、公司合并分立等），必须经出席会议的股东所持表决权的三分之二以上通过（绝对多数规则）。由此可见，大股东或控股股东常常能利用自身的股权和表决权控制公司的经营决策，其权力运用的规范程度直接影响公司治理质量，控制权滥用可能会给中小股东带来灾难，故继续考察股东的治理参与具体途径十分重要。

简单来说，股东可通过"用手投票"和"用脚投票"积极参与公司治理。

"用手投票"，即股东通过各种途径（如，参加股东大会、向董事会派驻董事等）积极发声，建言献策，切实履行监督约束职能。现有研究表明，股东可以通过积极行使投票表决权监督董事履职行为、优化高管薪酬体系、创造更为积极的市场反馈，进而增加整体市场价值。股东还可通过委派董事进一步加强对董事会的干预以及对管理层的监督和激励，保障公司日常决策以股东利益最大化为导向进行。

"用脚投票"，即退出机制。股东以卖出股票、退出投资人群体为威胁来规范管理层行为，督促管理层专注提升公司业绩表现。Bharath 等人（2013）提出，股东退出威胁而非真正退出本身足以构成另一公司治理新机制，特别是当公司外部股票交易市场高度活跃时，大股东的卖出威胁对管理层的约束力度更强。在我国资本市场的公司治理特征下，大股东的退出威胁不仅能降低股东与管理层之间的委托代理成本，还能显著减少控股股东的控制权私利行为，再次证明此治理机制的有效性。

除此之外，股东还可通过股东诉讼、股东派生诉讼等方式充分利用法律机制监督管理层行为，保障自身合法利益。当然，我们必须认识到，股东特别是普通个人投资者，受制于专业能力和时间精力，其对资本市场的注意力资源更为宝贵；过于分散的股东注意力会显著削弱股东对公司治理的监督能力，给管理层创造投机窗口从事低效、短视的投资行为（如，过度薪酬、过度投资、削减股利等），谋求控制权私利，损害公司利益和市场价值。

最后，我们还应该注意到，尽管如上所述，股东积极主义有助于改善公司治理，提升企业价值，但股东表决权在实施过程中还可能遭受来自诸方面的现实挑战，突出表现为来自公司内部管理层的抵制和反对。有学者研究发现，有些提案尽管已获多数股东的认可通过，管理层仍有可能动用权力予以否决，激化股东与管理层之间的利益冲突。Bach 和 Metzger（2019）研究发现，对于投票结果两方接近的股东议案，最终常常是管理层主导的利益方取得胜利，股东力量受到管理团队的钳制。

三、股东角色的"双面性"

当然，虽然整体而言现有研究证据大多支持股东积极主义有助于公司治理，但鉴于股东持股比例以及角色地位的异质性，我们有必要对大股东（控股股东）和中小股东的治理效应进一步细化剖析：大股东（控股股东）与中小股东之间是否总是利益一致？如何缓解大小股东之间的治理矛盾？已有研究成果表明，过度集中的股权结构所带来的大股东控制可能会诱发十分严重的委托代理成本，如，大股东干预甚至扭曲公司的正常经营决策，以各种直接或间接方式非法占用、掏空上市公司资金，最终被资本市场感知并标价上升的代理成本、融资成本增加，未来发展潜力受限，公司长期价值受损。

在具体的控制方式上，La Porta 等人（1999）、Claessens 等人（2000）、Faccio 和 Language（2002）等早已建立了一套较完整的分析框架：控股股东利用金字塔式结构、交叉持股、双重股权结构等股权架构方式，以较少的股权资本投入（现金流权）撬动对目标公司的有效控制（控制权），从而攫取到与其风险和责任承担极不匹配的超额现金流量权。在两权高度分离的诱导下，控股股东不惜以损害中小股东甚至公司整体利益为代价，通过各种隐蔽渠道进行隧道挖掘和利益输送行为，具体掏空行为包括侵占现金资产、滥用自由现金流低效投资甚至过度投资、关联占款及关联担保、超额委派董事、股权质押等。在具体的控制链条构建方式上，除了传统相对外显的股权控制链，终极股东还可以利用幕后的社会资本控制链（如，血缘、联姻、同事、同学、同乡等社会网络），以更隐秘的方式强化对其他股东、董事会和管理层的控制，进而方便其对上市公司盘剥侵占。

当然，大股东也不总是在掏空控股公司、无节制榨取控制权私利，毕竟公司存在是他们利益攫取的前提，因此他们也不会放任公司陷入经营困难和财务危机，会在关键时刻伸出"扶持之手"，通过反向利益输送援助目标公司度过困境。

四、中小股东治理及多个大股东治理

为了降低大股东与中小股东之间的第二类委托代理成本，国家层面有必要从制度建设上重视对中小股东权利的保护，充分赋予其恰当的投票表决权甚至否决权。Fried 等人（2020）以以色列赋予少数股东就企业关联交易行使否决权的权力为研究背景，发现该项改革能显著遏制关联控制人的超额薪酬发放，缓解企业内部控制人对外部小股东的利益侵占。Li（2021）以印度少数股东投票权改革为研究对象，再次证明中小股东权利保护程度的提高有助于遏制对企业的利益攫取行为，增强本地资本市场对外部投资者的吸引力。姚颐和刘志远（2011）及郑国坚等（2016）则立足于中国资本市场，发现中小股东的分类表决权及累积投票权能有效帮助其参与公司治理环节，制约控股股东及管理层的自利行为，维护自身合法权益。

除了在制度设计上继续完善中小股东权利保护、夯实中小股东公司治理，还可以充分利用多个大股东并存形成的力量制衡模式，设计多元化的股权结构提高股东治理质量。Laeven 和 Levine（2008）在研究中通过对欧洲上市公司股权结构的细致分析，发现其中约 1/3 的公司存在多个大股东并存现象，启发学者对这种明显区别于分散股权结构或集中控股模式的股权体系加以更多关注。Dhillon 和 Rossetto（2015）通过模型推导论证出中等规模的大股东能有效运用自身的投票权来协调控股股东和小股东的利益冲突，稳定公司价值。罗宏和黄婉（2020）研究发现，多个大股东的存在能够有效遏制管理层的机会主义行为，缩小内部控制人利用私有信息谋求私利的空间，改善企业的信息环境。当然，也有针对中国资本市场的研究表明，多个大股东的存在在缓解外部股东与内部管理层、控股股东与中小股东之间利益冲突的同时，也可能带来过度监督，抑制企业敢于承担风险的能力，阻碍企业创新进程，从长远看损害企业的长期价值创造，具有一定的负面效应。

第二节　董事会治理

在公司内部治理体系中，股东大会是公司的最高权力机构，拥有最高决策权，但股东大会无法亲力亲为公司的日常具体决策，因此将决议执行权交给董事会。从当今公司治理实践来看，董事会也并非单纯的执行机构。事实上，董事会已在公司的决策体系中逐步演化为对股东大会负责的经营决策机构，而公司管理层才是真正的实际执行机构。作为公司内部治理连接体系中的关键一环，董事会上承股东大会，负责其决策执行；下启管理层，负责对其下达经营决策。董事会治理是指为了有效发挥董事会的治理作用而进行的相关制度安排。下面将对董事会治理研究脉络进行文献梳理。

一、董事会治理基本概念

在所有权与经营权高度分离的公司架构下，董事会是重要的衔接机构。作为公司最高权力机构股东大会的执行机构，董事会对股东大会负责，其具体职能包括执行股东大会的决议、决定公司的经营计划和投资方案、制定公司的基本管理制度、定期向股东大会报告工作等，可被概括为建议与咨询职能、监督与约束职能以及战略制定职能。董事会的成员称为董事，是董事会职能的具体履行者。我国《公司法》规定，有限责任公司董事会由3—13名董事构成，股份有限公司董事会由5—19名成员构成；董事任期由公司章程规定，但每届任期不得超过3年，可以连选连任。

在董事分类上，根据是否属于本公司管理层，可将董事分为执行董事和非执行董事。执行董事指同时在本公司管理层任职的董事，包括兼任公司总经理、首席财务官等，董事会成员中至少包含一位执行董事；非执行董事指不在公司管理层兼任职位的董事，他们只参与董事会决策而不涉及公司的市场经营，通常以履行咨询、建议及监督职能为主。根据是否属于本公司雇员，董事还可分为内部董事和外部董事。内部董事是公司的正式员工。需要注意的是，内部董事并非都是执行董事，如员工代表董事等。外部董事可进一步分为独立的外部董事（独立董事）和非独立的外部董事（灰色董事），前者不在公司担任除董事以外的任何职务，在经济和人际上均保持较强的独立性，能够更为公正、客观地监督公司行为；后者虽然在形式上与公司无隶属关系，但存在其他隐秘的关系纽带，在履职过程中难以实现完全独立。独立董事可具体包括商业精英型独立董事（如领域内其他公司的高管人员）、专家学者型独立董事（如，大学教授、智库成员）以及政治关联型独立董事（如已退休的政府官员），他们在报酬激励、法律约束和声誉机制的共同作用下，向董事会提供优质、专业、高效的监督与咨询服务。我国《关于在上市公司建立独立董事制度的指导意见》明确要求上市公司董事会成员中应当至少包括1/3的独立董事，独立董事原则上最多在5家上市公司同时兼职，以确保自己有足够的时间和精力有效履行独立董事职责。

二、董事会职能

股东充分撬动资本的力量以"资本雇用劳动"为自己寻得最佳利益代言人，通过组建一支背景多元、专业过硬、优势互补的董事会队伍，激励其以忠诚、勤勉的执业态度认真履行对公司日常经营的决策咨询建议职能以及对高管团队的监督约束职能，协调外部股东与内部管理层之间的委托代理成本，进而维护股东利益最大化。Hermalin 和 Weisbach（2013）在其文献综述中回顾了董事会的职能及其对公司治理机制的重要意义。Adams 等人（2010）进一步在世界顶级经济学杂志 *Journal of Economic Literature* 上发表理解董事会治理在公司治理中的角色地位的逻辑框架，为深化董事会研究奠定更为扎实的理论基础和模型基础。

在具体的经验证据上，Faleye 等人（2011）以美国资本市场 S & P 1 500 上市公司为研究对象，综合 RiskMetrics、Compustat、CRSP、ExecuComp、SDC 等多个主流优质数据库，研究董事会在公司治理中的监督及咨询职能。他们研究发现，当董事会下设的专门委员会有较强的独立性时，董事会的监督质量显著提高，相关公司 CEO 职位对企业绩效的敏感度提高，超额薪酬现象减少，盈余管理行为受到明显遏制，公司治理水平提升。当然，过度的董事会监督有可能引发管理层的保守主义、短视主义，影响企业及时捕捉投资发展机会、提高研发创新能力，可见力度恰到好处的董事会监督十分重要，故董事应努力提高自身的监督建议水平，做好企业腾飞的助推器而非绊脚石。Cornelli 等人（2013）研究发现，对董事会的充分激励有助于其为公司任免最合适的管理者并切实履行对管理层的监督约束职能，进而提高企业经营效率和业绩表现。Schwartz-Ziv 和 Weisbach（2013）通过对董事会会议记录数据的细致分析，再次支撑董事会的积极监督者角色。他们指出，相较于直接参与企业经营，董事会将更多的时间及精力投入到对管理层工作的监督和建议上。众多本土及跨国企业证据表明，良好的董事会独立能力及治理水平能有效夯实企业的长期经营导向，帮助企业扩大高效率投资，积极从事研发创新，进而提升企业市场价值，维护包括股东在内的利益相关者的权益。

当然，董事会监督对企业来说并非没有成本，更不太可能自然实现。除了董事会监督压力下的管理层短视和保守主义，董事会监督效率还依赖于其对公司信息的获取成本。当信息获取成本过高时，个体董事未必有意愿投入足够的时间和精力成本收集和分析信息，并以信息为依据提出行之有效的监督建议。因此，理想的董事会治理秩序还离不开完善的董事会激励机制，尤其薪酬激励机制和声誉激励机制。Ghannam 等人（2019）研究发现，在足够的薪酬激励下，富有法律、财务经验的合格董事候选人甚至愿意加入背负财务丑闻的公司。当然，在这种非常规的行为决策的背后，除了直接的物质刺激，高难度、高挑战下的自我价值实现和在外部职业市场的声誉效应通常也是其重要的考虑因素。

三、董事会的代理成本

即使在体系健全、激励得当的董事会治理结构下，外部股东与内部董事会之间也有可能存在利益冲突和委托代理成本。董事会受股东委托代其对公司行使日常经营决策权。一方面，二者之间依旧存在信息不对称，股东无法用完全契约规范和约束董事行为的方方面面，有可能滋生事后道德风险；另一方面，董事对公司的所有权相对有限，在股权和控制权高度分离的情况下，董事通过正常途径，大多需以合同约定的薪酬、奖励等方式分享自己劳动投入的经营成果，故可能有动机攫取控制权私有收益，以损害股东和公司整体利益为代价为自己进行资源财富转移。同时，董事会成员本身也可能具有时间、精力、专业技能上的局限性，抑或存在对职业生涯的考量和顾虑，或者单纯缺乏积极工作的热情，最终阻碍董事会决策效率的正常发挥，削弱董事会的监督建议职能。

在关于董事会代理成本的经验证据上，Malenko（2014）通过理论模型架构和推导，提出时间约束、管理层权力及声誉顾虑等压力途径会阻碍董事充分发表异质性观点，影响董事会沟通效率，进而影响董事会决策效率。在高度流动、激烈竞争的外部职业市场中保持声誉是考察个体董事行为不可忽视的驱动因素。Gow 等人（2018）研究发现，公司董事有强烈的动机维护其任期内的职业声誉，甚至不惜有选择性地向资本市场披露信息或者故意隐瞒不利信息（如，会计重述、法律诉讼、公司破产等），为自己争取更有利的任期合同。Dou（2017）研究发现，董事也有可能利用内部信息优势在公司负面新闻被曝光前先行抽身离开公司，但这些投机行为最终会被外部劳动力市场发现并给予惩罚，使董事失去后续职业发展机会。Fos 等人（2014）、Huang 和 Hilary（2018）等人研究发现，董事并不总是在任期内以相同的工作态度努力工作、履行好监督建议职能，任期届满事件也会对董事行为产生影响，企业的决策质量（如并购决策、财报质量、高管薪酬等）和整体价值与董事任期存在倒 U 形关系。他们指出，成员个体在入驻董事会伊始积极学习，建言献策，向董事会贡献人力资本及智力成果；之后，随着董事任期进入后期，董事可能出现懈怠、倦怠甚至开始"掏空"行为，损害公司利益。除此之外，董事会内部的非正式层级结构也会隐秘地影响董事行为。董事会非正式层级规则越清晰，董事个人发表负面意见的可能性越低，内部地位较低的董事越有可能屈从于地位较高的董事，其监督职能受到遏制。同时，中国儒家传统下的论资排辈文化也会抑制董事成员的直言进谏行为，且公司 CEO 任期越长，论资排辈文化对董事行为的抑制作用越明显。

四、董事选聘

由以上分析可见，作为公司内部治理结构承上启下关键环节的董事会，其治理能力的实现结果与外部治理环境、内部治理规则甚至个人职业操守密不可分，因此对于股东委托人来说，选择优质、专业、忠诚、勤勉的董事成员至关重要，董事选聘质量直接关乎董事会治理及股东委托成败。整体而言，组成结构多元化的董事会更有助于保障企业在决策上的连续性和在执行上的稳定性，抑制企业从事高风险行为，增强经营稳健性，提高企业经营水平和市场表现。因此，在董事选聘上，决策者除了要考虑董事的实际位置、地理距离等客观因素，更需要审慎评估其专业素质、能力技能、性格特质、经历阅历、社会关联等各个维度，作出正确且最优的聘任选择。

在专业性上，资本市场通常要求上市公司充分披露对董事任命起决定作用的主要人力资本，包括过往经验经历、执业资质、特性特质以及专业技能等。决策者在选聘过程中不仅要考虑候选人个体的技能特征，还需结合现有的董事会结构，选择有区分度、能互补的合作成员，为企业输送更多新鲜的智力资本。Giannetti 等人（2015）以中国上市公司为例，发现有海外经历的董事能有效将国外先进的经验、技术引入在职公司，提升企业的公司治理水平和经营绩效水平。Field 和 Mkrtchyan（2017）研究发现，有丰富并购经验的董事会成员能显著帮助企业优化并购决策，提高定价效率，并获得可观的后期经营回报。然而，经验固然可以创造价值，却也可能助推认知偏误。Gopalan 等人（2021）发现，在职董事过往的破产经历反而会诱发企业从事更多激进冒险的经营行为，特别是当破产周期短、成本不高时，相关董事更有可能高估个人能力、低估破产影响，进而行事风格更为冒险。

在网络社会高度发达的今天，除自身专业素质过硬外，董事的社会关联也是事实上的重要考量因素。发达的人际网络和关系链条不仅能为董事个人带来更多职业机会，还能为入职企业争取更多社会资源。早期研究相对集中于更为外显的社会关系，如政治关联、工作经历等。Goldman 等人（2009）通过对美国 S & P 1500 上市公司董事会成员社会关系的考察，发现市场普遍预期董事的政治关联能为企业带来更多政治资源和发展资本，进而给予超额的市场收益反应。Fahlenbrach 等人（2010，2011）研究发现，任命有过 CEO 工作经历的董事有助于为聘用企业带来更多背书收益，加强对管理层的监督，优化财务投资决策，改善会计信息质量，最终提高公司治理水平，创造更多企业价值。当然，不恰当的关系网络尤其私人关系网络可能会损害公司利益。Huang 和 Kim（2009）研究发现，董事成员与 CEO 间的财务、亲属或社会关系会严重影响董事会的独立性，削弱董事会对管理层的监督约束力，导致高管超额薪酬、低薪酬—绩效敏感性、低 CEO 变更—绩效敏感性等治理问题，激化企业内的委托代理矛盾，损害股东及公司利益。Lee 等人（2014）同样发现董事与 CEO 间的政治趋同会显著降低企业估值，削弱盈利能力，增加内部代理成本（如不易解聘劣绩 CEO、低 CEO 薪酬—绩效敏感性、高会计造假概率），研究支持打造多元化董事会的治理意义。总而言之，股东应该根据企业的经营环境、组织环境以及竞争环境，动态调整董事会的成员构成，适时引入更多具有新技术、新经验的新鲜血液，增强董事会的多元化和专业性，促进组织协作，减少代理成本。同时，决策者可以根据经营实际适度引进社会关联及人力网络，进一步夯实在市场中的竞争优势，实现既能取得股东支持又能收获市场好评的双赢局面。

然而，在董事候选人的搜寻、权衡及聘用过程中，我们必须清醒地认识到，优质的董事会成员在外部职业市场中是毋庸置疑的稀缺资源，是各大企业竞相争取的热门对象，导致多重董事任职现象普遍存在，这是学术界的重要研究分支。关于"繁忙的董事是好董事吗？"的回答，一方面，多重任职的董事能凭借其在工作中不断积累完善的经验、关系、资源、信息等优势，为企业带来更多的切实利益。Masulis 和 Mobbs（2011）研究发现，现有内部董事的外部市场董事任职是个人监督能力及专业声誉的有力证明，多重任职经历有助于促进知识在企业间的传递和流动，帮助董事高效积累更丰富的实践经验，相关董事会的监督及建议职能履行也更为理想，企业的主要经营决策（如，投资决策、现金持有、财务报告等）更加科学规范，进而实现更好的经营业绩和更高的股东价值。Cai 和 Sevilir（2012）基于美国资本市场上企业间的并购交易，发现当收购公司与目标公司之间直接存在共同董事或其董事间接在第三方公司共事时，收购方能利用关联关系带来的内部信息优势获得更大的价值创造。Field 等人（2013）实证证明，繁忙的董事虽然牺牲了一定的监督力度，但也为公司带来了诸多切实收益，他们凭借丰富的业内经验在公司内更好地发挥咨询建议职能，特别是在迫切需要资本市场运作经验的 IPO 公司，有多重任职经历的董事能通过充分施展咨询才能为公司创造更多价值。当然，在董事监督与咨询职能的权衡与选择中，决策者必须充分考虑公司特定的发展阶段。如，对于创业公司来说，董事由经验而来的咨询功能可能更重要，但对运作成熟的大企业来说，董事切实履行监督职能将对企业发展更为关键。

另一方面，也有研究发现，当公司董事会的多数董事有多重任职现象时，董事有限的注意力资源被过度分散，董事会的治理效应削弱，相关企业的盈利能力下滑，CEO变更—绩效敏感性下降，市场价值降低。这些繁忙的外部董事之后更有可能因为业绩表现不佳而被董事会解聘，且解聘决策受到市场欢迎。Bouwman（2011）发现，公司治理在共同董事关联公司之间存在趋同和传递效应，公司倾向于从相似公司选择董事并受相关公司的影响。令人遗憾的是，这种趋同性并非总是积极正向的。Chiu等人（2013）研究发现，公司的盈余管理行为会在有多重董事任职的关联公司间传染，且这种负面效应在共同董事处于领导位置或财务相关位置（如，审计委员会主席或成员）时更为明显。Falato等人（2014）以董事及高管的意外去世事件为公司的外生冲击，研究发现董事会及管理层成员的意外损失将增加董事会原有成员特别是多重任职董事的工作量，占用其更多的注意力和精力资源，降低他们的监督能力和约束质量，进而损害公司治理和股东整体价值。

五、董事会独立性

董事会独立性表现为在公司董事会中独立董事的人数占比。在董事会组建过程中，决策者还需要为独立董事设计足够的席位和话语权，确保其监督功能得以充分发挥。我国《关于在上市公司建立独立董事制度的指导意见》明确要求上市公司董事会成员中应当至少包括1/3的独立董事，独立董事原则上最多在5家上市公司兼任独立董事，并确保有足够的时间和精力有效地履行独立董事的职责；独立董事任期届满可以连选连任，但连任时间不得超过6年。由此可见，独立董事的选聘、激励、监督等各项机制在设计上呈现较强异质性，这也是学术界热衷的研究方向。

目前已有大量研究成果支持独立董事对改善公司治理的重要意义。独立董事的席位比例通过影响董事会的独立性影响董事会对公司事务及其管理团队的监督约束力度，充分的董事会独立性能有效遏制内部人控制现象，缓解股东与管理层之间的委托代理成本问题。在因果关系确认上，Nguyen和Nielsen（2010）以董事的意外离世为外生冲击，证明独立董事对公司价值的因果效应，即当企业突然失去独立董事时，公司股价下跌，股东财富受损。在具体的作用途径上，Knyazeva等人（2013）、Guo和Masulis（2015）研究发现，董事会独立性有助于优化高管薪酬结构，增强CEO变更—薪酬敏感性，通过激励和监督并行的方式提高公司管理水平，进而提升企业价值。Armstrong等人（2014）研究发现董事会独立性越强，公司内外信息不对称性越低，企业信息披露就越多，公司透明度也就越高。Banerjee等人（2015）研究发现，独立董事能提供更高质量的内部控制和专业意见，有效约束管理层的过度自信，控制管理层低效投资及过度风险暴露行径，增加股利发放，降低容易成为高管代理成本重灾区的自由现金流量水平，进而提升企业经营绩效和市场表现。

当然，专业再精进、素质再突出、执业态度再端正的独立董事也并非没有能力缺陷及人性弱点。一方面，作为个体的独立董事，其对资本市场及具体公司的注意力和关注度终归是有限的，由多种主客观原因引发的注意力过度分散（如，外部市场的意外变动、多重独立董事任职等）极易干扰专业独立董事本该具有的敏感度和判断力，造成决策失误，监督和咨询功能削弱，甚至为公司带来额外损失。Masulis 和 Zhang（2019）研究发现，当分散独立董事注意力的外生事件（如，包括重大疾病、荣誉/奖项授予在内的个人事务，以及包括多重任职的其他企业突发状况在内的专业事务等）突然发生时，独立董事在外显行为上表现出显著降低董事会出席频率、减少公司股票交易甚至直接从董事会辞职，可见外生冲击着实为企业带来了实质性的人力资本损失和知识资本损失，引发公司经营表现和市场估值变差；当被分散精力的独立董事在董事会中的监督功能更重要或者公司之前从该董事处获得大量关注时，外生事件的冲击作用更明显。另一方面，独立董事作为独立的理性个体，受股东大会委托代表股东利益行使对董事会和管理层的监督建议职能，然而其个人利益与股东利益及公司整体利益未必总是一致，利益冲突甚至利益攫取现象仍然有可能发生，特别是当掌握公司日常决策控制权的独立董事手握大量内部信息，有极强的信息优势时。Ravina 和 Sapienza（2010）研究发现，独立董事有可能利用其有利地位和内部信息攫取股票交易时机便利，为自己谋求超额私利。

面对不称职甚至不合格的独立董事，公司解聘或者督促其主动请辞固然是一条解决思路，但人事变动在资本市场上传递的信号有可能被投资者误解，存在一定的价值损失风险。Fahlenbrach 等人（2017）通过大样本实证研究，发现独立董事的突然离职通常伴随之后的公司股票下跌、绩效下滑，公司更有可能出现财务重述，股东诉讼风险增加，投资效率降低，经营风险增加；市场通常预期独立董事突然减少之后的负面信号效应，并及时内嵌在公司股价反馈上。由此可见，审慎组建董事会并保持相对稳定的结构对稳定资本市场预期十分重要，因此对董事会成员的激励应更加侧重于激励手段而非惩罚手段，充分利用董事自身对个人声誉的珍惜爱护引导董事在正确的轨道上行使职能。Masulis 和 Mobbs（2014）研究发现，独立董事十分重视其在外部职业市场中的形象、声誉以及竞争优势。Jiang 等人（2016）以中国上市公司的独立董事群体为研究对象，同样发现独立董事对职业声誉给予足够的关注和重视，合理履行自身职能。

就我国资本市场上的独立董事实践看，我国自 2001 年正式确立独立董事制度，且明确规定独立董事连选连任时长不得超过 6 年，导致独立董事在两个换届期前的行为动机有所不同，该政策合理性有待进一步论证。虽然独立董事在中国经常被调侃为"既不独立也不懂事"，但从资本市场的经验证据看，独立董事能够积极发挥治理作用，有效缓解委托代理成本问题，提高盈余质量及财务信息披露质量。特别是当公司面临危机时，独立董事更能通过自身监督职能的充分发挥帮助公司渡过难关，稳定股价，防范股票崩盘风险。独立董事也会发挥个人职业、身份、经历等综合优势，为公司争取更多的优惠和资源。公司在选聘董事成员时，除了考察必要的能力、经历、专业水平、人格品行等因素外，还需特别注意独立董事常住地与公司间的惯常地理距离。独立董事距离太近，有可能与公司管理层间存在隐性的社会关系链条，影响独立性的充分发挥；独立董事距离过远，其获取公司信息的能力降低且成本提高，监督动力削弱。当董事会顺利组建完毕后，考虑到董事会稳定性对资本市场的信号意义，企业应该为董事提供充分且合理的薪酬激励，在调动独立董事履职积极性的同时避免过度激励下的独立性削弱。

六、董事的责任承担

通过以上分析我们可以看出，董事会受股东大会委托，代表股东利益负责公司的日常经营决策，是公司常设的最高权力机构；董事会由包括执行董事和独立董事在内的董事成员构成，董事以积极、忠诚、勤勉的职业态度认真履行对管理层的监督和建议职能，协调委托人与受托人之间的委托代理成本，减少公司资源的损耗浪费，提高企业整体经营水平和治理水平。我国《公司法》规定，董事会决议的表决，实行一人一票制，必须经全体董事的过半数通过。然而，虽然董事会决议最终是在尊重多数原则下的集体意思表达，但法律允许持有异议董事的存在，且明确规定董事对最终决议承担的个人责任，以鼓励董事的直言进谏行为，防止董事会成为大股东和董事长的"一言堂"附庸机构。根据我国《公司法》，董事应当对董事会的决议承担责任；董事会的决议违反法律、行政法规或者公司章程、股东大会决议，致使公司遭受严重损失的，参与决议的董事对公司负赔偿责任，但经证明在表决时曾表明异议并载于会议记录的，该董事可以免除责任。

然而，即使董事保持必要的职业谨慎充分收集信息、认真履行监督咨询职能，也有可能因主观疏忽或客观环境变化等因素出现判断失误进而决策错误，给公司及他们自己造成损失，承担个人赔偿责任。为了避免个人忌于责任承担而不愿投身董事会治理，资本市场建立了董事高管责任保险（简称董责险）制度，加强对董事正常工作的职业保障。董责险是由公司购买或者由公司与董事、高管人员共同出资购买，以在被保险董事及高管人员履行公司管理职责过程中，因被指控工作疏忽或行为不当（其中，不包括恶意、未履行忠诚义务、信息披露中故意的虚假或误导性陈述、违反法律的行为）而被追究其个人赔偿责任时，由保险人负责赔偿该董事或高管人员进行责任抗辩所支出的有关法律费用，并代为偿付其应当承担的民事赔偿责任的保险。董责险起源于美国，于 2002 年引入中国。我国《上市公司治理准则》明确规定，上市公司可以为董事购买责任保险，但董事因违反法律法规和公司章程规定而导致的责任除外。

在关于董事责任的学术研究中，Naaraayanan 和 Nielsen（2021）实证研究发现害怕承担个人责任是阻碍人们入职董事会的重要考量因素，特别是当公司的诉讼风险及监管风险较大、监督成本较高、金钱激励较低以及个人声誉风险是重要顾虑时，个人责任对董事席位选择的威慑作用更大。此时，完备健全的董责险是破解此困局的重要机制保障。然而，对内部董事及管理层的过度保护也会诱发新的治理问题。当内部控制人在董责险的保护下通常不再对决策错误承担个人责任时，他们有可能在行为偏好上更趋向激进冒险，牺牲必要的谨慎稳健来博取高风险的经营成果，以公司和股东的整体利益为代价换取个人职业生涯可能的高光时刻。资本市场也能及时捕捉到董责险保护下董事及高管的行为变化及其对企业风险的影响，并适时体现在对企业的定价过程中。Lin 等人（2011）研究发现，能帮助董事和高管逃脱股东诉讼的董责险容易诱发以道德风险为主的治理成本问题，如过度投资、低效投资等。当收购公司董责险保护程度较高时，市场对相关的并购交易反应消极，并购公告的超额回报率低，相关收购交易的溢价水平高且协同效应低。Lin 等人（2013）研究表明，董责险覆盖程度越高，贷款人出于信息不对称下的道德风险顾虑对企业信贷风险的感知程度越高，施加的贷款溢价就越高；董责险在传递公司治理质量信息上具有一定的信号作用。就中国资本市场上的董责险而言，赖黎等人（2019）研究发现，当上市公司购买董责险后，公司的经营风险更高，信用贷款和短期借款减少，公司从事更多的短贷长投活动；董责险在我国未起到预期的公司治理作用，反而诱使内部人在行为上更为冒险激进，增加更多企业经营风险。

第三节　管理层治理

董事会受股东大会委托，利用股东资本选聘管理团队，组建公司管理层，由公司管理层负责企业经营目标以及日常业务的实际执行，因此，公司管理层是公司内部治理体系中的权力执行机构。管理层的独立存在充分体现在传统公司的治理体系中。在公司所有权和经营权高度分离的经营实际中，负责筹集资本的股东以"资本雇用劳动"，与提供人力资本和管理经验的经理层之间形成清晰的专业化职能分工，彰显现代公司治理的实现路径。

一、管理层治理基本概念

管理层治理指公司内部一整套对管理层的激励和监督体系，用于规范管理层以股东价值最大化为中心，以忠诚、勤勉的专业态度切实履行工作职能，遏制其作为经营权实际控制人的自利欲望，降低内外信息不对称情况下的委托代理成本，维护股东利益和确保股东回报顺利实现。从概念上说，管理层具有不同情境以及表达习惯，也可称为经理人、经营者等，最初主要指公司的 CEO、总裁、总经理，后也泛指以 CEO 为代表的高管团队。我国《公司法》明确界定公司的高级管理者（简称高管）包括公司经理、副经理、财务负责人、上市公司董事会秘书以及公司章程规定的其他成员。总经理由董事会任免并对董事会负责，总经理招揽其他成员组建管理团队。以职业经理人为代表的管理层负责企业日常生产经营管理工作，组织实施董事会决议，并凭借劳动经营成果获取物质报酬奖励，还在外部经理人市场积累充分的职业经历和管理经验，实现股东与管理层专业分工基础上的共赢局面。

管理层治理对公司治理到底有何作用？ Bamber 等人（2010）研究发现，异质性的高管个体特征（如，专业背景、工作经历、行为偏好等）能显著影响公司的信息披露方式和公司经营结果，具体表现在有从军经历的管理层更偏好稳健的披露风格，而财会背景的管理层在信息披露上会更加精确，可见管理层个人特征是影响公司经营方式的重要因素之一。Baik 等人（2020）聚焦企业业绩平滑管理水平，研究发现管理层能力越高，越能有效提高企业盈余信息的信息含量，将更多关于未来现金流的前景信息价值以平滑方式嵌入当前盈余，提升公司股价现时表现，为股东创造更多的投资价值。Jenter 和 Lewellen（2015）则把目光转向企业控制权争夺市场，发现一般来说公司 CEO 出于个人职业发展私利考虑，会尽量避免本企业被兼并，甚至不惜以股东利益为代价错失发展机会。从证据支持上，他们发现当 CEO 临近退休年龄时，企业被成功并购的概率显著提高。罗进辉等人（2016）利用高管突然离世这一外生事件，建立高管对企业价值的因果关系，发现相关高管权力越大、地位越重要，其对企业的人力资本价值越高，其突然离世引致的市场震动越强，相关公司的市场损失就越大。事实上，在管理层治理领域，我们经常能看到视角新奇、主题有趣、结论有启发性的研究成果，它们围绕管理层充分挖掘信息含量，并开展科学严谨的量化研究。Mayew 和 Venkatachalam（2012）利用声音情绪分析软件对管理层在盈余电话会议中的音频文件进行分析，发现管理层陈述内容之外的语气语调对掌握企业基本面状态及预测企业未来发展前景具有额外的信息含量，市场投资者及分析师可利用管理层报告中的正面或负面情绪状态辅助判断企业的经营情况，进而调整投资建议策略。

二、管理层的代理成本

在传统公司治理研究体系中，管理层治理的另一重头领域是经典的股东与管理层、委托人与受托人之间在信息不对称和不完全契约条件下的矛盾利益冲突和委托代理成本。管理层是公司内部事务的实际控制者（经营权），却通常只占有极小比例的公司股权（所有权），严重的两权分离导致公司管理层在自身效用函数的支配下，滥用超额控制权谋取个人私利，背离股东价值最大化的行为准则，使得委托代理成本高昂。管理层与股东间的利益冲突主要体现在：一方面，管理层持股比例低，诚然他们作为第一线实际执行者为公司的绩效改善贡献了大量的时间、精力、经验、智慧等人力资本和管理资本，但其从企业经营成果和价值增值上能真正分享的投资回报非常有限，因此他们可能更有动机采用更直接的利益侵占方式，将公司资源转移到自己手中，超额薪酬、过度激励、盈余管理等自利行为层出不穷。在管理层薪酬体系设计上，Faulkender 和 Yang（2010）研究发现，管理层有强烈的动机游说公司选择薪酬水平较高的同行可比公司作为参照对象，以此获得超越行业平均水平的超额薪酬；当公司 CEO 与董事长两职合一、CEO 任期更长或者董事会存在多重任职董事时，董事会对管理层的监督约束功能越弱，投机性选择行业参照系、为个人争取额外收益的现象就越严重。Bebchuk 等人（2010）研究发现，除基本薪酬外，管理层还有可能操纵股权激励部分。他们发现公司会"恰巧"在市场流通股价最低的时候有意识地向高管授予股票期权激励计划，以更为隐蔽的方式向其输送更多利益。同时，此类择时期权发放常常伴随着公司治理体系的缺陷，如董事会缺乏独立性、薪酬委员会中大股东力量缺失、CEO 任期更长等。除了操纵公司向自己发放更多的薪酬、激励，管理层还可能通过扭曲绩效考核目标来为自己谋求更大的私利空间。Bennett 等人（2017）通过对高管激励合同中的经营考核目标数据展开分析，发现有显著更多的公司"恰好"实现略高于考核目标的经营成果；当考核指标为相对更易操纵的盈余指标、考核要素单一等时，目标两侧分布不对称性尤为突出；未达到考核要求的公司 CEO 将面临被更换的职业风险。在指标操纵的具体途径上，管理层可以通过调整应计项目、降低当期研发支出等方式达到每股盈余目标，通过削减营销管理支出来追求利润达标。除了在显性的薪酬体系上谋求控制权超额利益外，管理层还可能利用以非正常在职消费为代表的隐性薪酬对己输送更多利益。在企业薪酬管理上影响更为恶劣的情形还包括管理层"宽于律己，严以待人"，为自己设置丰富的奖励回报，却削减各类员工福利及培训支出，损害企业经营表现进而影响股东利益。除了在高管薪酬上的自利行为外，管理层还有动机为了维护自身利益，不惜以损害公司整体利益为代价从事违法违规行为。Biggerstaff 等人（2015）研究发现，有期权倒签违规记录的 CEO 更有可能在公司内部涉入其他违规行为（如，盈余管理、财务报告质量等），助长滋生不道德的企业文化。同时，不适宜的社会网络关系也可能诱发管理层不当行为。Khanna 等人（2015）研究发现，CEO 与企业高管及董事间的社会关联会显著增加公司的财务欺诈风险，原因包括在人际关系的额外加持下，CEO 违规行为更不易被察觉，也不易因此被更换，故违规成本低，而股东与管理层之间的委托代理成本提高。

另一方面，管理层还有强烈的动机出于主观故意或纯粹的过度自信而将更多资源控制在自己手中，构建手下执掌的商业帝国体系，以增加对股东和董事会的谈判筹码以及在外部经理人市场上的威望和声誉。正如 Jensen（1986）指出的，管理层的实际控制力越大，越有可能滥用企业内部积累的自由现金流量进行低效投资、过度投资或帝国构建，从而降低企业的经营效率。Pan 等人（2016）通过实证研究发现 CEO 投资周期的存在，支持自由现金流假说下的帝国构建理论，即伴随 CEO 任期的推进，企业投资数量明显增加而投资质量却呈现下降趋势，特别是当 CEO 攫取更多对董事会的实际控制权时，管理层与股东之间代理成本下的帝国构建趋势更加显著。在控制权交易市场上，Yim（2013）发现管理层有强烈的财富动力带领企业尽早开始收购兼并行为，因为并购交易通常伴随 CEO 薪酬的显著大幅增加，特别是当 CEO 能够正确预期甚至有效控制并购后的薪酬奖励水平，或者企业同期的其他投资机会无法为 CEO 带来薪酬效益时，CEO 对企业并购的驱动力更明显。Harford 等人（2012）则从控制力视角研究 CEO 过度投资背后的原因，即贪图控制权私利的管理层更有可能进行低效并购交易，不惜以过度投资为代价盲目扩大企业规模，以避免在外部控制权争夺市场上成为兼并对象，失去职业地位。同时，当他们作为收购主体时，他们有可能选择协同效应低的标的公司，或支付过高的收购溢价，引发市场负面反馈，从而导致股东价值受损。就中国经验证据而言，陈仕华等人（2015）以国企高管为研究对象，发现当他们面临较大的政治晋升机会时，他们进行并购扩张的可能性显著提高，并在并购交易中支付相对更高的溢价；相关交易在短期并无明显绩效改善，而长期表现却显著较差，证明管理层投机下帝国构建的成本损失。对于管理层在日常经营管理中表现出来的短视主义、机会主义等委托代理成本，企业债权人能合理预期超额收益、过度投资等高管自利可能为企业带来的经营风险和绩效损失，进而将相关风险溢价内嵌在债务合同中，规定更为严格的契约条款，力求加强对管理层对于企业自由现金流资源的滥用行径的制约。

另外，虽然管理层由董事会聘任组建，执行董事会的日常决策，但在企业管理实践中，作为实际内部控制人的管理层常常反向干预决策机构董事会的正常运行，阻碍其充分发挥对管理层的监督建议职能。Hermalin 和 Weisbach（1998）发现，虽然在法律上董事会拥有对公司 CEO 的任免权，但在实践中 CEO 却常常能凭借其个人能力带来的议价优势，反向干预董事会成员的选聘过程，影响董事会充分发挥对包括 CEO 在内的管理层的独立监督建议职能。Fracassi 和 Tate（2012）以美国 S & P 1500 公司为对象构造面板数据，发现公司 CEO 权力越大、风格越强势，公司越有可能任命与 CEO 有社会关联（具体包括职业经历、教育经历及社会活动经历等）的董事会成员；而 CEO 干预下的董事会独立性缺失会显著损害公司价值（如，从事低效率投资），这一负面效应在公司缺乏其他有效替代董事会监督的机制途径时将更加突出。近年来，Graham 等人（2020）研究发现，CEO 任期越长，董事会独立性越低，CEO 更有可能被提名董事长，两职合一概率增加；当 CEO 变更时，董事会独立性显著提升。除此之外，强势的 CEO 还可能干扰董事会对其薪酬激励体系的正常制定过程，争取更有利的绩效考核标准及激励支付计划，引发市场的负面反应。在度量 CEO 控制力的指标上，Morse 等人（2011）选择 CEO 与董事长两职合一情况、内部董事比例以及在 CEO 任期内聘用的董事比例三大指标来衡量 CEO 之于董事会的强势程度。

最后，过度激进的管理层诚然可能将企业暴露在较大的经营风险中，但与之相反，消极被动的管理层也会妨碍企业正常的成长进步效率。Yermack（2014）研究发现，当 CEO 开始公司休假后，CEO 对企业经营事务的时间及精力投入明显减少，企业的信息披露频率显著降低，强制性披露时间延迟。企业这种控制人缺位下的"稳定"状态传导至资本市场即表现为公司股票波动性显著降低，而当 CEO 回归工作、重新开始日常经营管理后，股票波动性开始恢复。他还发现，在两权分离的架构状态下，对公司经营业绩无直接回报权的管理层可能会按部就班享受假期，但当高管持股上升、所有权与经营权分离程度下降后，CEO 休假时间显著减少，享受生活的动机降低，转而愿意在工作和企业绩效改善上投入更多时间，以通过股权途径分享更多劳动经营成果。Bandiera 等人（2018）通过对全球六大代表性国家（巴西、法国、德国、印度、英国和美国）数千位家族成员 CEO 与职业经理人的调研访谈，发现 CEO 的公司投入时间与企业绩效显著正相关，而家族成员 CEO 相较职业 CEO 有更多的娱乐休闲时间，这些时间差异是构成两群体在职表现差异的重要因素之一。

三、高管选聘

通过以上分析可以看出，一个架构健康、运转良好的管理层治理体系对公司治理质量具有重要意义。而在管理层治理框架中，从公司内外选择出最优质、最匹配、最有责任心的管理团队是事关治理成败的核心环节，管理层的管理风格、管理理念、管理目标认知等因素对企业的公司治理结构具有重大影响。现有学术界也在高管选聘领域积累了大量的优质研究成果。Hambrick 和 Mason 提出的高阶理论认为，高管特质（如，价值观、认知模式、个性偏好等）显著影响管理层的战略决策，进而影响高管的战略选择和绩效。而高管的人口统计学特征（包括年龄、教育背景、职业背景、社会经济学基础、财务状况等）能从侧面反映高管特质，进而有效解释高管绩效表现。企业通过对高阶理论的系统掌握，能更加有针对性地选择与培养适合的管理层队伍，进一步提高人力资本和智力资本对组织绩效的预测能力。

Hayes 和 Schaefer（1999）聚焦高管离职对原公司的影响，实证研究由高管能力构成的人力资本对企业价值创造的重要意义。事实上，企业管理层在品格行为上的不当的确能通过影响市场和投资者对管理层个人的信任及印象水平，对公司经营和企业价值产生切实影响。于是，我们不禁要问：如何为企业寻觅到最优管理者？优秀的管理者是天降英才吗？Adams 等人（2018）基于对瑞典含 CEO 以及其他职业在内的个体层面的大样本分析，发现 CEO 与其他高技能行业从业者相比在非认知能力上呈现显著优势。Kaplan 等人（2012）通过对 200 余家公司的 300 多位 CEO 候选人展开背景分析，发现 CEO 的通用能力以及执行能力与企业绩效显著正相关。随后，Kaplan 和 Sorensen（2021）基于对 2600 余名高级管理者的评估，探究 CEO 与其他高管人员尤其 CFO 在能力、特质等维度上的差距。他们比较了通用能力、执行能力和人际关系能力、人格魅力和分析能力、战略能力和管理能力这几大关键维度，发现平均而言 CEO 有相对于 CFO 更好的特质表现，扎实的通用能力以及出色的人际沟通能力能为 CEO 候选人赢得更多受聘机会。在具体的性格特征上，Green 等人（2019）研究指出，人格外倾性是事关个人领导力的关键特质，高外倾性的 CEO 更易获得事业成功，包括薪酬奖励更高、被解雇概率更低、在职任期更长、被邀请为外部董事的概率更高、在更大型企业有多重董事任职等。CEO 外倾性的提升有助于为企业赢得更多市场认可以及业绩增长，帮助企业在资本市场实现更好的投资收益。

除了基本的能力、特质、性格特征等个体差异外，个人独特的成长环境、社会经历、实践经验等因素同样对塑造成功的管理层有重要影响。Bamber 等人（2010）研究发现，异质性的管理层个人特征对于包括公司信息披露在内的公司决策有重大影响，管理层独特的披露风格与其经历背景紧密相关，即有财会、法律、从军经历的 CEO 相对偏好更加成熟、稳健、准确的信息披露风格，可见 CEO 经历对其企业管理实践具有潜移默化的影响。Cust ó dio 和 Metzger（2013）研究发现，CEO 的行业工作经历能显著帮助其优化企业的投资并购决策，尤其当业务双方信息不对称矛盾严重时，CEO 的专业行业背景能有效为任职公司挑选更优质的投资标的，争取更低的并购溢价，创造更大的协同价值。他们还关注了企业的财务政策领域，发现 CEO 的财务工作经历能显著提高企业的财务管理水平，帮助企业根据不断变化的应用场景灵活调整财务政策，为企业争取更宽松的融资条件及发展环境。Benmelech 和 Frydman（2015）通过实证研究发现，管理层的从军经历能显著提高企业的合规经营水平并增强企业的财务稳健性，帮助企业投资更谨慎，更不会涉入违规经营活动，在行业经济下行期有更加从容的经营表现。在相对容易观察的教育、工作经历之外，也有学者聚焦更为独特的个人生活体验，开辟了一个极具特色且富有潜力的研究领域。Malmendier 等人（2011）发现，CEO 各异的背景特征能显著影响企业的公司金融政策，例如在经济大萧条时期成长起来的 CEO 更抵触债务融资方式而过度依赖内源融资途径，有可能对企业正常的经营扩张效率构成阻碍。Bernile 等人（2017）科学量化了 CEO 成长时期对灾难事件的经历强度，发现有过极端灾难经历的 CEO 在包括融资决策、现金持有以及并购活动的公司经营上更加谨慎，而童年未经历过大灾难的 CEO 将相对更趋于乐观，因而在公司管理风格上偏好激进。Sunder 等人（2014）则从 CEO 的个人爱好——具体来说是飞机执照获得状况——透视 CEO 的冒险主义倾向，他们发现持有飞机执照、热爱冒险的 CEO 更注重激发调动企业的创造能力和创新精神，能帮助企业取得更好的创新研发成果。

最后，人具有社会属性，身居企业高位的管理层同样置身于纵横交错的社交网络中，在被关系网络塑造的同时也影响着网络的延伸拓展。因此，管理层的人际网络关系也应当是高管选聘过程中不可忽视的考量因素。Hacamo 和 Kleiner（2022）研究发现，社交网络能有效通过对外信息传递帮助企业雇用到合适的管理人员，特别是对处于信息劣势的外地企业或者当关系联结强度充分时，社交网络在高管选聘环节中的支持效应更加显著。El-Khatib 等人（2015）借鉴网络分析方法下的网络中心度概念，度量 CEO 在人际关系网络中的地位和强度。他们发现，网络中心度越高，CEO 对各网络节点的作用和贡献越大。他们继而通过实证研究发现，高网络中心度能有效为 CEO 创建更多私有信息的收集、控制优势，增强并购决策的科学性。然而，高网络中心度同样是一把"双刃剑"，相关 CEO 可能滥用对网络的影响力和控制力，逃避公司控制权市场及职业经理人市场的监督约束，牺牲企业利益以攫取更多控制权私利。除人际网络外，基于文化背景的文化身份认同网络也会对管理层观念以及公司行为决策产生影响。Pan 等人（2020）研究发现，代际传承的文化传统对管理层的风格理念有深刻的塑造作用，在不确定性规避文化背景下成长起来的 CEO 显著较少参与不确定性较高的企业并购活动，即使参与其中也更倾向于选择来自熟悉产业的并购对象或者更易整合的标的企业，体现出文化烙印对个体行为决策的深远影响。

四、高管治理机制之薪酬激励

面对两权分离、专业化分工下股东委托人与管理层代理人之间的经典委托代理冲突，如何规范和约束管理层行为，科学引导其与股东利益走向一致？除在高管选聘环节对候选人充分考察、审慎选择外，在公司内部设置合理恰当且有足够激励效应的薪酬体系和股权计划也十分关键。理想的薪酬激励体系能有效使管理层通过合法渠道获得与自己的劳动投入和管理才能相匹配、足补偿的成果回报，进而降低其冒险谋求控制权私利、非法侵占股东利益的经济动力。公平高效的管理层激励体系应该兼具以下三个公平特征：个体公平，即管理层薪酬与其个人能力和贡献成正比；内部公平，即同一公司内部的管理成员薪酬水平与各自对公司的贡献成正比；外部公平，即不同公司间能力和贡献相近的管理层薪酬水平基本可比。管理层薪酬体系通常包括由基本工资、年度奖金构成的短期货币薪酬，以及由股票期权、股票增值权、限制性股票构成的中长期期权激励。当然，除了上面列举的显性薪酬外，管理层还能通过各种寻租方式享受以在职消费为代表的隐性薪酬。由此可见，管理层薪酬激励计划是事关管理层治理成败的基础性机制，值得我们重点关注并单独成节。

在关于管理层薪酬体系在公司治理中的重要角色的研究中，Bolton 等人（2006）通过模型推导提出，高管股权激励计划更强调短期股票市场表现，诱使管理层牺牲企业的长期基本利益来追求短期股价提升以及激励尽快实现。Coles 等人（2018）通过比较企业 CEO 薪酬与可比行业内公司的最高薪酬差距，发现当外部行业薪酬差距加大时，管理层不惜通过额外增加企业经营风险、投资风险和融资风险的方式力求快速缩小自己与行业领军者之间的差距，在获得职业成功带来的心理满足的同时提升自己在职业经理人市场中的声誉和竞争力。在货币薪酬与期权激励比例设计上，Jayaraman 和 Mibourn（2015）研究发现，CEO 薪酬回报中的股权激励部分可能加大管理层与股东之间利益不一致下的代理成本，推动企业铤而走险，通过扭曲财务信息披露欺骗市场、收割股价便利。而当企业的外部审计师的专业水平不足以支持其及时发现这种财务违规操作时，这种现象更严重。对于股权期权激励下的利益冲突与管理激进，Brockman 等人（2010）提出短期债权是约束此类代理成本的有效途径之一。

　　理论上，高管薪酬体系在制定过程中应主要参考公司需求、人员能力、行业水平等因素，但实务中的计划制订更为复杂，存在多种因素影响甚至扭曲正常的激励体系。作为针对人力资本设置的激励体系，高管薪酬在设计过程中首先应充分考虑管理层的专业水准、性格特质、管理才能等硬性指标，制定切实可行、有一定挑战性但又在其能力范围内的考核目标，引领管理层积极施展才能并收获与个人付出相匹配的劳动成果。Graham 等人（2012）研究发现，公司层面和管理者层面的异质性是影响高管薪酬的重要因素，以个人管理风格为代表的管理层固定效应对高管薪酬以及公司政策有显著的解释效力。Custódio 等人（2013）细化了对管理层通用才能和专用才能的区分，发现通过持续工作经历积累的通用管理才能可以显著增强 CEO 跨企业、跨行业的流动性，为 CEO 赢得更高的薪酬回报。同时，工作职责越复杂（如，工作内容包含大量并购重组业务），薪酬溢价越高。DE Angelis 和 Grinstein（2020）建议企业有效利用相对绩效评估体系科学量化 CEO 的外显管理才能，在留住人才的同时有效激发管理活力。当然，相对绩效评估体系通常更适用于能找到可比对象的管理者，而对技术具有专用性、不易跨企业迁移的管理者、创始人 CEO、退休年龄 CEO 等则应谨慎使用。

　　在基本考量因素之上，公司与管理层之间的谈判能力以及强势对比也会显著影响高管薪酬合同设计。Focke 等人（2017）发现，知名企业常常向 CEO 支付相对较少的薪酬奖励，而 CEO 也愿意为其对身份地位的偏好以及对职业发展前景的考虑在当下牺牲一定的物质回报。Cronqvist（2013）以由股权分散化的公众公司向私募主导的私有公司转型的企业为研究对象，发现强势股东入驻通常会带来 CEO 合约的调整，如设置更明确可量化的业绩目标、不因为在行业内的相对表现放松行权条件等。Humphery-Jenner 等人（2016）研究发现，公司能利用 CEO 过度自信的特征设计激励导向型薪酬契约，以充分发挥 CEO 对企业未来正向预期的积极引导作用。与此同时，乐观的 CEO 在薪酬上的谈判力越强势，越能为自己争取更多的期权激励奖励。当然，面对高度活跃的外部经理人市场，公司也面临被竞争公司"挖墙脚"的风险，因此为了留住管理人才，维护管理团队的稳定性以及管理方式的连续性，公司也会相应提高在职经理人的薪酬回报特别是股权激励，建设稳定且高效的管理团队，支撑企业长远发展。

　　在高管薪酬设计中，决策者还需关注同行企业以及社交网络可能带来的负面效应。强势的管理层有可能向企业施压，为其有意选择规模雄厚、薪酬水平较高的同行可比公司以合理化自身的薪酬收入，当然，这其中有一定的高管自利动机，但也有可能是为确实存在却无形的管理才能支付才能溢价。不过，行业竞争的确是激发高管管理才能的重要因素，外部经理人市场上的竞争锦标赛显著影响管理者的风险偏好、行为决策以及薪酬回报。除行业联结外，企业间的利益关系网络以及社会资本网络也会对管理层薪酬产生显著影响。Duchin 等人（2017）基于企业集团下的分部经理数据，发现某一分部的涨薪会对同企业其他分部的薪酬调整产生显著的溢出效应，特别是当企业有超额现金储备、管理层权力更大、公司治理机制薄弱时，这种企业内部的传导效应更明显，且通常伴随后续的绩效下滑和市值受损，影响企业整体价值以及股东价值。Hoi 等人（2019）则发现，企业所在地的社会资本储备（如，文化、秩序、规则意识等）有助于约束管理层的寻租空间，缓解委托代理矛盾，具体包括控制高管超额薪酬，减少期权授予中的机会主义行为（如，择时授予、奖励倒签、临时奖励等），降低 CEO 对薪酬体系的控制力。

最后，我们还有必要对管理层以及员工薪酬管理中都会遇到的薪酬黏性问题保持敏锐，在薪酬体系的初始建立环节保持足够的灵活弹性以及调整空间，避免之后薪酬难以适时合理下调以及降薪行为容易诱发的负向反应，让企业蒙受额外价值损失。Shue 和 Townsend（2017）基于对高管股权激励的分析，发现公司受限于财务管理能力不足，在高管期权授予上表现出简单的数量黏性趋势，有损企业整体利益。

五、更多管理层治理机制

在管理层治理框架建设以及委托代理成本防范中，除了上文已回顾的谨慎选聘高素质管理者、设立行之有效的薪酬激励体系外，还有其他多种治理渠道可供企业灵活选择使用。首先是高管变更机制，利用职位丧失威胁对管理层施加威慑效力。Weisbach（1988）研究指出，当公司业绩持续下滑时，独立外部董事能及时更换不合格的管理层，聘任更尽职的利益代理人。Denis 和 Denis（1995）、Jenter 和 Lewellen（2021）也发现高管被迫辞职现象在企业绩效大幅下滑后显著增多，尤其当管理团队面对更大的外部压力时（如大股东施压、控制权市场威胁）。企业管理层调整后，经营活动调整，内部控制改善，公司绩效表现回升。Parrino 等人（2003）研究发现，当机构投资者对企业管理层的经营行为不满时，会积极利用"用脚投票"的退出威胁影响公司管理层职位调整。除了实际的绩效变化，高管解聘的概率和速度还与企业盈余管理行为显著相关。面对管理层激进的盈余管理行径，公司董事会会积极行使监督职能甚至解聘相关人员，以防管理层的操纵倾向为企业带来其他更加严重的后果成本。当然，有时管理层被解雇也并非完全由于自身的管理水平和管理能力，管理层控制范围之外的市场行情、行业变幻等因素也会将管理层暴露在失去职位的风险之中。

其次，还应充分利用活跃且高度竞争的外部经理人市场。除了已经提到的及时更换绩效表现不佳的管理层，增强雇佣—绩效敏感性，企业还需时刻提醒管理层对职业保持必要的敬畏，尽职尽责做好本职经营管理工作，维护自己在职业市场上的声誉和形象。Eckbo 等人（2016）研究发现企业破产对涉事高管的职业生命有显著冲击，直接压缩其未来的发展机会以及薪酬空间，提醒管理层务必审慎经营，避免因为个人一时私利而让企业陷入破产清算困境，最终自食其果。许言等人（2017）以中国上市公司为研究对象，发现企业管理层对职业生涯的忧虑会显著影响公司的盈余管理及信息披露行为，尤其坏消息。CEO 在任职初期和离任前一年有极强的动机通过人为操纵隐瞒坏消息，以便在职业市场上谋求更多升职发展机会。

最后，善于利用管理层的股权持有。管理层自利行为的一种驱动力是管理层空有控制权却只享有极低的持股比例，难以通过股权路径正大光明地分享自己对企业的经营管理成果。在两权分离的不平衡心态下，他们可能转而通过其他隐蔽方式直接侵占公司利益，为自己谋求更多即时实现的控制权私利。由此可见，增加管理层在公司的股权比例、提高所有权和经营权的统一程度、增进股东与管理层之间的利益趋同是缓解公司内部经典委托代理成本问题的又一有效思路。提高管理层的现金流权大体分为两条途径：一是通过股票、期权等激励计划增加管理者持有的公司股份。Kim 和 Lu（2011）研究发现，CEO 所有权与企业价值密切关联且呈现驼峰形曲线分布，并受外部治理强度差异影响，即当 CEO 股权比例处于低水平区间时，适度增加 CEO 持股有助于促进管理层与股东之间的利益一致，提高企业价值，此时 CEO 持股发挥改善企业公司治理的替代性功能；然而当 CEO 股权比例过高时，CEO 的管理风格会明显趋于保守（如削减研发支出），反而损害企业的长期发展利益，因此合适的管理层持股水平对企业发展前景影响显著。Lilienfeld-Toal 和 Ruenzi（2014）聚焦股票市场表现，研究发现当公司缺乏有效的外部治理、产品竞争市场较弱、管理层自由裁量权较大时，适度增加 CEO 持股有助于缓和代理冲突，减少管理层的过度投资和帝国构建行为，提高企业经营效率，增强股票市场表现。与此同时，管理层还对企业拥有以养老金收益及递延薪酬为代表的隐性"债权"，作为实质上的债权方与外部债权人利益一致。现有研究发现，CEO 的隐性债权持有水平越高，CEO 的管理风格越倾向于规避风险、趋于稳健，虽然这在一定程度上降低了企业的经营风险，遏制了违规经营和违规操作，减少了股票、债券等证券在市场上的价格波动，但过于保守的发展模式也使得企业牺牲了很多投资机会和发展机会，如，适度扩大融资规模、提高杠杆水平、积极参与研究开发等，从长期看并不利于企业价值积累。

第四节　其他内部治理机制

一、监事会治理

监事会治理指企业内部关于监事会结构、权力与责任配置的一系列制度安排。我国的监事会机构从存在上说具有鲜明的借鉴国外先进实践背景下的中国色彩。从世界范围内公司治理监督模式的发展脉络看，主要存在两大典型模式：以英美为代表的独立董事监督模式和以德日为代表的监事会监督模式。我国最早效仿德国引入监事会制度，于 1992 年发布《股份有限公司规范意见》，并在 1993 年《公司法》中再次强化监事会的重要性。我国《公司法》规定公司在股东大会下设董事会和监事会两个平行机构，形成"双层治理模式"；监事会作为公司常设机构，负责监督公司的日常经营活动以及对董事、高管等人员违反法律、行政法规、公司章程的行为予以指正，履行监督建议职能。

在我国公司治理实践中，早期监事会主要由公司员工或股东代表组成，在业务关系上隶属和受制于董事会及管理层，导致其在实际履行职能过程中流于形式、形同虚设。之后，2002 年《上市公司治理准则》颁布，独立董事制度正式建立，独立董事成为公司内部在监事会监督之外的公司治理力量。由此可见，我国的内部监督体系事实上形成了独立董事监督与监事会监督并行的格局，混杂了英美与德日经验，二者之间的职能界限不够清晰，容易出现监督资源的重叠和浪费。

监事会治理在国际学术圈的尴尬地位还可以从现有论文存量窥探一二。英美学术圈是国际金融学研究的传统主流阵地，然而英美公司内部实行主要依靠独立董事监督的"一元制"模式，股东大会下设董事会监督管理层，直接跳过监事会，完全不存在开展实证研究的样本数据。以德日为代表的大陆法系国家虽然存在并列型或双层型监事会结构的研究样本，但高水平的代表性学术成果仍然相对缺乏。Lin 等人（2018）以德国通过立法强制要求企业监事会中股东代表与员工代表比例相同为研究背景，运用断点回归法实证研究监事会治理对企业行为决策的因果效应。他们发现，由于员工对公司的利益诉求与债权人高度一致，因此当企业监事会中员工代表比例增加后，员工对公司决策的话语权增强，无形中也加强了对债权人利益的保护，企业的外部融资环境得以改善。从我国学术领域主流期刊看，关注监事会研究的优质研究也不太常见。周泽将等（2019）基于企业违规视角实证研究监事会的存在意义。他们发现，当监事会保持较高的独立性、能切实履行监督职能时，企业违规行为的发生概率及影响后果都显著降低及减少；当企业内部控制有效性较差或所处地区的制度环境较弱时，监事会治理的替代效应发挥得更加明显，可见在中国治理实践下，监事会还是能发挥一定的监督建议职能的。

二、员工及工会治理

员工是企业最底层的人力资本，他们既是企业组织生产发展的一线建设者，也是企业内部公司治理体系中不可或缺的中流砥柱。相对外部市场和投资者而言，员工作为企业内部经济利益相关者通常有更便利的信息收集和信息流转优势；同时，作为雇员，他们也有强烈的动力监督企业合法合规经营，避免经营风险下可能发生的失业风险。因此，建立完善的员工治理体系是企业内部治理结构设计中的重要环节。Dyck 等人（2010）通过研究 1996—2004 年间美国大公司公开通报的欺诈案例，发现这些欺诈行为之所以能被市场和监管者发现，不仅因为依靠了标准的传统治理主体（如，投资者、证监会、审计师等），还因为充分调动了包括员工、媒体在内的其他新兴治理力量。Call 等人（2017）发现，企业员工群体质量越高，越能在公司内部监督中展现重要作用，相关企业的经营规范度越高，具体表现在应计项目质量更高、内控失灵更少、会计重述概率更低、管理层预测质量更高。Huang 等人（2020）基于美国企业点评网站 Glassdoor 上雇员对公司未来 6 个月的发展预期展望数据，研究社交媒体上员工披露的信息含量。他们通过实证研究发现，整体而言，员工披露对于企业未来经营状态有额外信息含量。企业社群里聚集的员工数量越多，员工背景越多元，员工对企业了解越多，员工披露的信息含量就越高，就越能展现群体智慧；特别是在坏消息预警上，员工嗅觉十分灵敏，能对分析师和投资者的信息池形成有益补充，值得资本市场给予关注和重视。

为了激励员工更加积极地参与到为企业建言献策、对企业监督规范的环节中来，调动最基础、最广大力量的工作积极性，企业在员工薪酬体系设计中，一方面需对员工的劳动成果给予足够的物质薪酬回报，充分展现对员工贡献与价值的认可和肯定，激发员工对企业的责任心及主人翁精神，反馈至正常的生产经营和行为监督活动，构成良好循环；另一方面，除基本工资和奖励外，企业还可以合理利用员工持股计划，增加员工在企业中的实际股权，使其更加有动力基于企业所有者身份充分发挥内部参与者优势，认真履行对企业的对内监督建议职能。Hochberg 和 Lindsey（2010）研究发现，员工持股计划与企业绩效显著相关，对于员工的期权授予能显著增进员工激励，调动员工合作和共同监督，进而支撑企业绩效改善。企业应该建立一套合理的员工持股计划体系，给予高质量员工以优惠价格获得公司股份的机会，在分配人力资本物质收益的同时提高企业的治理水平和经营效率，实现双赢。Gulen 和 O'Brien（2017）发现，员工持股计划能有效为员工股东增权赋能，激励他们以股东身份增强对企业行为决策的监督约束职能，提高公司治理水平。Aldatmaz 等人（2018）发现，员工持股计划还能显著降低员工离职率，提高员工资产池的稳定度，为企业建设营造良好、可预期的发展环境。就中国经验来说，陈大鹏等人（2019）研究发现员工持股计划与企业应计盈余管理水平显著正相关，在企业中员工地位较高、企业资产透明度低、企业股权集中度低等情境下，员工持股计划的治理效应更加明显。当然，管理层也会相应考虑员工股东的需求，甚至进行正向盈余管理以使员工在股权解禁时套现更多，降低财务信息质量。沈红波等人（2018）通过对国有企业和民营企业员工持股计划的对比，发现相对于民营企业，国有企业实施的员工持股计划并未有效为其降低代理成本、提高投资效率抑或减少冗余雇员，员工持股计划的公司治理效应未得到充分展现。

员工除了以个人身份参与企业公司治理，还能联合起来组成工会，以工会集体的力量对企业发声，增强对企业经营治理的话语权和影响力。Agrawal（2012）发现，员工代表及工会力量在企业公司治理实践中日益重要，来自工会的反对声在资本市场中具有明显的负面信号效应。Chyz 等人（2013）通过实证研究发现，企业工会组织力量越大、风格越强势，企业的税务激进程度就越低。而且工会能有效介入企业日常经营实践，充分发挥监督职能，遏制管理层的税务违规动机。市场也能及时接收工会力量变更的信息效应，并传导至资本市场，嵌入企业估值和流通表现中。

三、内控部门治理

除员工外，企业内部控制体系也可以被开发成行之有效的内部治理机制。Acharya 等人（2011）通过理论模型与实证检验，提出健全有效的内控体系有助于制衡约束管理层的利益攫取空间，减少高管自利行径，缓解传统委托代理成本问题。企业的内部报告通道是重要的内部治理机制，员工通过信息通道及时向高层传递企业内部的违规违法行为，提高企业治理水平，降低被监管机构处罚或深陷法律诉讼的风险。Goh 和 Li（2011）研究发现，提高企业的内部控制质量有助于增强其会计稳健性，及时确认损失并向市场披露。Lin 等人（2011）研究发现，企业的内部审计部门有助于化解重大运营缺陷风险，并通过内外审计团队合作进一步提高企业财务质量，加强对公司治理的监督。而这也会为企业在资本市场融资争取到更有利的融资环境以及更优惠的融资成本，健全完善的内控体系能有效增强外部债权人对企业发展路径和管理模式的信心，进而以更低成本提供企业发展扩张所需的物质资本。

就中国企业实践来看，毛新述和孟杰（2013）发现企业的内部控制系统越有效，涉及诉讼风险的概率和金额就越低，其中内部监督和内部环境建设对诉讼风险具有显著影响，内部控制对担保合同、借款合同纠纷导致的诉讼风险具有显著的控制作用。陈红等人（2018）关注在创业创新的宏观政策背景下企业内部控制对政府研发补贴绩效的影响，研究发现内部控制质量能够显著提高政府对企业研发补贴的执行效率，切实促进企业创新能力的提高以及创新绩效的改善。当然，严肃认真的内控体系也可能具有"双刃剑"效应，刘浩等（2015）研究指出：一方面，健全的内控体系能够通过改善信息以及增强履约能力，减少现代公司制下各经济主体由于信息不对称和不完全契约衍生的代理成本，提高企业经营效率；另一方面，执行严格的内控体系也在无形中降低了代理人的事后谈判能力，反而激发他们在事前采取机会主义行为的动力，取得过犹不及的实际执行效果。李世辉等人（2019）从内部审计经理职能视角，通过实证研究发现企业内部审计经理的监察能力与企业违规之间呈显著负相关关系，当内部审计经理在监事会任职时，违规抑制效应更加明显。在具体路径上，内部审计经理通过提升企业内部控制水平发挥对企业的监督约束效应。

四、企业内部党组织及纪检部门治理

在中国特色社会主义现代化建设道路上，国有企业内部设立的党组织及纪检部门也是规范企业内部治理的重要力量。把党的领导融入国有企业公司治理体系，完善党的领导和国有企业公司治理有机融合，以高质量党建推动国有企业高质量发展是建设中国特色社会主义经济的重要指导思想。坚持党对国有企业的领导是重大政治原则，必须一以贯之；建立现代企业制度是国有企业改革方向，也必须一以贯之，要把加强党的领导与完善公司治理有机统一起来，把企业党组织内嵌到公司治理结构中，建立中国特色现代企业制度，全面深化国有企业改革，为破解全球国有企业治理难题贡献中国智慧。2017 年 4 月，国务院办公厅发布《关于进一步完善国有企业法人治理结构的指导意见》，明确要求将党建工作纳入国有企业章程，明确党组织在国有企业中的领导核心和政治核心地位，鼓励党组织成员通过"双向进入、交叉任职"的领导体制参与公司决议，增强国有企业的政治大局观和社会责任感。2017 年 10 月修订的《中国共产党章程》，明确确立了党组织在国有企业中"把方向、管大局、保落实"的核心职能。2021 年 5 月，中共中央办公厅印发《关于中央企业在完善公司治理中加强党的领导的意见》，要求中央企业进一步把加强党的领导和完善公司治理统一起来，明确中央企业党委（党组）在决策、执行、监督等环节的权责和工作方式。

在代表性学术研究成果上，马连福等人（2013）以已披露党组织中的党委会成员在公司董监高中任职信息的国有上市公司为研究对象，发现国有企业党委会对公司治理过程的参与，一方面增加了公司冗余雇员规模，一定程度上将政府稳定就业等政策性目标嵌入企业行为中；另一方面也降低了公司高管的绝对薪酬，抑制了高管攫取超额薪酬的行为，缩小了高管与普通员工间的薪酬差距，减少了内部人控制的代理成本。陈仕华和卢昌崇（2014）基于卖方为国有上市公司的并购交易数据，研究发现国有企业党组织的治理参与能显著提高国有企业在出售国有资产或股权时索要的并购溢价水平，特别是当国有企业党组织成员参与董事会或监事会治理，将国有资产或股权出售给私企及异地国企时，党组织治理参与对并购溢价水平的正向影响更加明显。该研究为国有企业党组织参与有助于抑制国有资产流失、保护国有资产在合理估值区间流转提供了扎实可靠的微观经验证据。柳学信等人（2020）围绕国有企业党组织与董事会"双向进入、交叉任职"的公司治理制度设计，通过研究董事会成员在历次董事会会议中的投票情况考察了国有企业党组织治理对董事会决策过程的影响，研究发现国有企业党组织与董事会"交叉任职"，尤其在党委书记与董事长两职合一的情况下，党组织更能在董事会决策中发挥治理效应，进而促进企业绩效提升，此种效应对位于市场化程度较高区域的国有企业而言更加显著。除党组织外，纪检部门也能在国有企业治理中发挥积极的监督治理功能。陈仕华等人（2014）研究发现国有企业内部的纪检部门能有效抑制国企高管的非货币性私有收益，减少管理层对企业利益的侵占和攫取，特别是当国有企业纪委参与监事会治理、国有企业总经理是中共党员、企业为中央国有企业时，纪检部门抑制私利的治理效应更强。

第四章

公司财务管理研究

第一节　公司财务管理的概念和内容

一、财务管理的概念

在商品经济条件下，社会产品是使用价值和价值的统一体。公司再生产过程即表现为使用价值的生产和交换过程及价值的形成和实现过程的统一。在这个过程中，劳动者将生产中所消耗的生产资料的价值转移到产品中去，并且创造出新的价值，实物商品的出售，使转移价值和新创造的价值得以实现。

在公司生产经营过程中，实物商品不断地运动，实物商品的价值形态也不断地发生变化，由一种形态转化为另一种形态，这种价值运动过程表现为：随着实物商品的采购、生产和销售的进行，货币资金一次转化为储备资金、原材料资金、生产资金、在产品资金、产成品资金和更多的货币资金，周而复始，不断循环，形成资金运动。资金的每次周转都会引起资金的变化，并且这种变化具有其自身的运动规律，这就形成公司的财务活动。此外，在这个过程中，各方面的经济利益关系也得以体现。

因此，公司财务是指公司在再生产过程中客观存在的资金运动及其所体现的经济利益关系。财务管理则是基于公司再生产过程中客观存在的财务活动和财务关系而产生的，是公司组织财务活动、处理财务关系的一项经济管理工作。

二、财务管理的特征

（一）财务管理是价值管理

公司在实行分工分权的过程中形成一系列专业管理工作，如，财务管理、生产管理、人力资源管理、营销管理、行政管理等。这些管理工作有的侧重于对劳动要素的管理，有的侧重于对价值的管理，有的侧重于对信息的管理。就财务管理而言，主要是运用价值形式对经营活动实施管理，通过价值形式，把公司的一切资源条件和经营过程都合理地加以规划和控制，运用价值指标对经营结果进行衡量与评价，达到公司效益不断提高、财富不断增加的目的。

（二）财务管理具有广泛性

公司的所有经营活动都涉及资金的收支，都与财务管理有关。公司的每一个部门都会通过资金的运用与财务部门发生联系，每一个部门也都要在合理使用资金、节约资金支出等方面受到财务部门的影响与约束。因此，财务管理与公司各方面有着广泛联系。

（三）财务管理具有敏感性

在公司管理中，决策是否恰当、经营是否合理、技术是否先进、产销是否顺畅，都可以迅速地在公司财务指标中得到反映；同时，公司各部门、各方面的变化也会最终体现在相关的财务指标中。

三、公司财务活动

公司财务活动是以现金收支为主的公司资金收支活动的总称，具体表现为公司在资金的筹集、投资及利润分配活动中引起的资金流入及流出。

（一）公司筹资引起的财务活动

公司从事经营活动，必须要有资金。资金的取得既是公司生存和发展的前提条件，也是资金运动和资本运作的起点。公司可以通过借款、发行股票等方式筹集资金，表现为公司的资金的流入。公司偿还借款、支付利息、股利及付出各种筹资费用等，则表现为公司资金的流出。这些因为资金筹集而产生的资金收支，便是由公司筹资引起的财务活动。

公司需要多少资金、资金从哪来、以什么方式取得、资金的成本是多少、风险是否可控等一系列问题需要财务人员去解决。财务人员面对这些问题时，一方面要保证筹集的资金能满足公司经营与投资的需要；另一方面还要使筹资风险在公司的掌握之中，以免公司由于无法偿还债务而陷入破产境地。

（二）公司投资引起的财务活动

公司筹集到资金以后，使用这些资金以获取更多的价值增值，其活动即为投资活动，相应产生的资金收支便是由公司投资引起的财务活动。

投资活动包括对内投资及对外投资。对内投资主要是使用资金以购买原材料、机器设备、人力、知识产权等资产，自行组织经济活动方式获取经济收益。对外投资是使用资金购买其他公司的股票、债券或与其他公司联营等方式获取经济收益。公司用于添置设备、厂房、无形资产等非流动资产的对内投资由于回收期较长，又称对内长期投资。对内长期投资通常形成公司的生产运营环境，形成公司经营的基础。公司必须利用这些生产运营环境，进行日常生产运营，组织生产产品或提供劳务，并最终将所产产品或劳务变现方能收回投资。日常生产运营活动也是一种对内投资活动，这些投资活动主要形成应收账款、存货等流动资产，资金回收期较短，故又被称为对内短期投资。

公司有哪些方案可以备选投资、投资的风险是否可接受、有限的资金如何尽可能有效地投放到最大报酬的项目上，是财务人员在这类财务活动中要考虑的主要问题。财务人员面对这些问题时，一方面要注意将有限的资金尽可能加以有效地使用以提高投资效益；另一方面要注意投资风险与投资收益之间的权衡。

（三）公司利润分配引起的财务活动

从资金的来源看，公司的资金分为权益资本和债务资本两种。公司利用这两类资金进行投资运营，实现价值增值。这个价值增值扣除债务资本的报酬即利息之后若还有盈余，即为公司利润总额。我国相关法律法规规定公司实现的利润应依法缴纳公司所得税，缴纳所得税后的利润为税后利润又称为净利润。公司税后利润还要按照法律规定按以下顺序进行分配：一是弥补公司以前年度亏损；二是提取盈余公积；三是提取公益金，用于支付职工福利设施的支出；四是向公司所有者分配利润。这些活动即为利润分配引起的财务活动。

利润分配活动中尤为重要的是向公司所有者分配利润。公司需要制定合理的利润分配政策，相关政策既要考虑所有者近期利益的要求，又要考虑公司的长远发展，留下一定的利润用作扩大再生产。

上述财务活动的三个方面不是相互割裂、互不相关的，而是相互联系、互相依存的。因此，合理组织这些财务活动即构成了财务管理的基本内容，即筹资管理、投资管理及利润分配的管理。

四、公司财务关系

公司在组织财务活动过程中与其利益相关者之间发生的经济关系即为公司财务关系。在公司发展过程中，离不开各种利益相关者的投入或参与，如，股东、政府、债权人、雇员、消费者、供应商，甚至是社区居民。他们是公司的资源，对公司生产经营活动能够产生重大影响。公司要照顾到各利益相关者的利益才能使公司生产经营进入良性循环状态。

（一）公司与其所有者之间的财务关系

公司的所有者是指向公司投入股权资本的单位或个人。公司的所有者必须按投资合同、协议、章程等的约定履行出资义务，及时提供公司生产经营必需的资金；公司利用所有者投入的资金组织运营，实现利润后，按出资比例或合同、章程的规定，向其所有者分配利润。公司同其所有者之间的财务关系体现了所有权的性质，反映了经营权和所有权的关系。

（二）公司与其债权人之间的财务关系

公司除利用所有者投入的资本金进行经营活动外，还会向债权人融入一定数量的资金以补充资本金的不足或降低成本公司资本成本。公司债权人是指那些对公司提供需偿还的资金的单位和个人，包括贷款债权人和商业债权人。贷款债权人是指给公司提供贷款的单位或个人；商业债权人是指以出售货物或劳务形式提供短期融资的单位或个人。

公司利用债权人的资金后，对贷款债权人，要按约定还本付息；对商业债权人，要按约定时间支付本金，若约定有利息的，还应按约定支付利息。公司同其债权人之间体现的是债务与债权的关系。

（三）公司与其受资者之间的财务关系

公司投资除了对内投资，还会以购买股票或直接投资的形式向其他公司投出股权资金。公司按约定履行出资义务，不直接参与被投资公司的经营管理，但按出资比例参与被投资公司的利润及剩余财产的分配。被投资公司即为受资者，公司同其受资者之间的财务关系体现的是所有权与经营权的关系。

（四）公司与其债务人之间的财务关系

公司经营过程中，可能会有闲置资金。为了有效利用资金，公司会去购买其他公司的债券或向其他公司提供借款以获取更多利息收益。另外，在激烈的市场竞争环境下，公司会采用赊销方式促进销售，形成应收账款，这实质上相当于公司借给了购货公司一笔资金。这两种情况下，借出资金的公司为债权人，接受资金的公司即为债务人。公司将资金借出后，有权要求其债务人按约定的条件支付利息和归还本金。公司同其债务人的关系体现的是债权与债务关系。

（五）公司与国家之间的财务关系

国家作为社会管理者，担负着维护社会正常秩序、保卫国家安全、组织和管理社会活动等任务。国家为公司生产经营活动提供公平竞争的经营环境和公共设施等条件，为此所发生的"社会费用"须由受益公司承担。公司承担这些费用的主要形式是向国家缴纳税金。依法纳税是公司必须承担的经济责任和义务，以确保国家财政收入的实现。国家秉承着"取之于民、用之于民"的原则，将所征收的税金用于社会各方面的需要。公司与国家之间的关系反映的是依法纳税和依法征税的义务与权利的关系。

（六）公司内部各单位之间的财务关系

公司是一个系统，各部门之间通力合作，共同为公司创造价值。因此，各部门之间的关系，直接影响公司的发展和经济效益的提高。公司目前普遍实行内部经济核算制度，划分若干责任中心、分级管理。公司为了准确核算各部门的经营业绩，合理奖惩，各部门间相互提供产品和劳务要进行内部结算，由此而产生了资金内部的收付活动。公司内部各单位之间的财务关系实质体现的是在劳动成果上的内部分配关系。

（七）公司与员工之间的财务关系

员工是公司的第一资源，员工又得依靠公司而生存，二者相互依存。正确处理好公司与员工之间的关系，对于一个公司的发展尤为重要，也是一个公司发展壮大的不竭动力。

员工为公司创造价值，公司将员工创造的价值的一部分根据员工的业绩作为报酬（包括工资薪金、各种福利费用）支付给员工。公司与员工之间的财务关系实质上体现的也是在劳动成果上的分配关系。

第二节　公司财务管理的环境

财务环境也称理财环境，是指对公司财务活动产生影响作用的各种内部和外部因素。公司财务活动的运作是受理财环境制约的，财务管理人员只有研究公司财务管理所处环境的现状和发展趋势，把握开展财务活动的有利条件和不利条件，才能为公司财务决策提供可靠的依据，更好地实现公司的财务管理目标。

财务环境按其所涉及的范围分为宏观财务环境和微观财务环境。

一、宏观财务环境

宏观财务环境又称外部财务环境，是指存在于公司外部，作用于各个部门、地区，影响和制约公司财务活动的各种因素。

（一）经济环境

经济环境包括国家的经济发展规划、国家的产业政策、经济体制改革方案、国家的财政税收政策和税收制度、金融制度和金融市场等。经济环境会直接影响公司的财务活动，同时它还将通过影响国家法律、政治、文化从而间接影响公司财务活动。

不同地域的经济发展水平、市场发育程度、经济资源、经济制度和经济政策是不完全相同的，这是影响公司财务活动的基本因素。

1. 经济体制

经济体制又称经济管理体制，是指在一定的社会制度下，生产关系的具体形式以及组织、管理和调节国民经济的体系、制度、方式和方法的总称。在市场条件下，国家赋予了公司自主权、经营权和决策权，公司的一切财务活动要面向市场，根据自身情况开展财务活动。经济体制决定了公司的经营方式，并影响了公司的财务行为和财务决策。

2. 经济增长状况

在市场经济条件下，经济发展总是带有一定的波动性。

当经济持续增长，处于经济繁荣时期，公众收入增加，市场需求旺盛，公司的经营环境良好，盈利增加，资金比较充足，投资风险减小，此时应抓住机遇，扩大生产，开拓市场，增加投资。

当经济增长速度放缓或处于经济衰退时期，公司的产量和销量下降，公司的经营环境恶化，当产品积压不能变现时，则需要筹资以维持经营。

3. 经济政策

（1）货币政策。货币政策是政府对国民经济进行宏观调控的重要手段之一。在市场经济条件下，货币政策直接影响经济结构、经济发展速度、公司效益、公众收入、市场利率和市场运行等各个方面。

一般来说，紧缩的货币政策，会减少市场的货币供给量，从而造成公司资金紧张，使公司的经济效益下降，这样就会增加公司的风险。同时，公众的收入也会下降，购买力下降；反之，宽松的货币政策，能增加市场的货币供给量，增加公司经济效益，减小公司的风险。

（2）财政政策。财政政策同货币政策一样是政府进行宏观经济调控的重要手段。财政政策可以通过增减政府收支规模、税率等手段来调节经济发展速度。

当政府通过降低税率，增加财政支出刺激经济发展时，公司的利润就会上升，社会就业增加，公众收入也增加；反之亦然。

（3）产业政策。产业政策是政府调节经济结构的重要手段之一。政府的产业政策对各个行业有不同的影响，国家对重点发展、优先扶持的行业，往往给予特殊优惠的政策，公司的发展前景较好，利润有望增加。而对限制发展的行业，往往会增加种种限制措施。因而产业政策会具体地影响着公司的风险与收益。

4. 通货膨胀

通货膨胀对经济发展的影响是复杂的，一般而言，适度的通货膨胀对投资市场的发展是有利的，但过度的通货膨胀对经济发展会产生破坏作用。通货膨胀是指货币购买力下降。这不仅对消费者不利，也给公司财务管理带来不利的影响。它主要表现在：资金需要量迅速增加，筹资成本升高，筹资难度增大，利润虚增等。

5. 金融市场

金融市场是指资金供应者和资金需求者双方通过某种形式进行交易而融通资金的市

场。金融市场为资金供应者和资金需求者提供了各种金融工具和选择机会，使融资双方能自由灵活地调度资金。

当公司需要资金时，可以在金融市场上选择合适的筹资方式筹集资金；当公司有暂时闲置资金时，又可以在金融市场上选择合适的投资方式进行投资，从而提高资金的使用效率。同时，在金融市场交易中形成的各种参数，如，市场利率、汇率、证券价格和证券指数等，为公司进行财务决策提供了有用的信息。

6. 市场竞争

在市场经济条件下，公司与公司之间、各产品之间、现有产品与新产品之间，甚至在设备、技术、人才和管理等方面都存在着竞争，这是任何公司无法回避的。

为了提高竞争力，求得生存和发展，公司必须使自己的产品、服务和质量等方面优于其他公司，这就要求公司筹集足够的资金，大量投资于研究与开发新产品、进行广告宣传、加强售后服务等。投资成功之后会给公司带来机遇；若投资失败，则会使公司陷入困境，甚至破产。

（二）法律环境

在市场经济条件下，公司的一些经济活动总是在一定的法律法规范围内进行的。一方面，法律提供了公司从事一些经济活动所必须遵守的规范，从而对公司的经济行为进行约束；另一方面，法律也为公司合法从事各项经济活动提供了保障。

涉及公司财务活动的法律很多，主要有公司法、税法和会计法等。如，进行境外投资还将面临不同国家和地区的法律。由于不同时期，不同国家的法律存在差别，所以公司设立、经营和清算过程中财务管理业务的要求和繁简程度不一样。

不仅如此，公司所有者、经营者、职工和债权人的利益也会受到较大影响。另外，相同数额的经营收入，因公司性质不同，所缴纳的税款和税后收益也不相同。因此，公司经营者及财务管理者必须研究法律环境，避免因法律纠纷给公司造成财务损失。

（三）政治环境

公司财务管理活动还受政治因素的影响，如，国内外政治形势的变化、国家重要领导人的更迭、国家法律与政策的变化、国际关系的改变等都会产生直接或间接的影响。尤其进行境外投资的公司将面临不同的政治环境。这一方面是由于各届或各国政府对各类性质不同的公司所持有的态度不同；另一方面是由于各届或各国政府的政治稳定程度不一样。

（四）文化与社会环境

文化与社会环境对公司财务管理活动的影响也是不可忽视的，因为公众的文化水平、文明程度以及社会的文化传统和风俗习惯既影响到人们的思维方式、工作态度和个人追求，又制约着公司的经营行为，从而影响公司的财务管理活动及其成果。

二、微观财务环境

（一）公司组织形式

公司有各种不同的形式，虽然它们具有共性，但由于类型不同，对财务管理产生的影响就不同。也就是说，在管理体制既定的条件下，不同的组织形式，决定了公司内部财务管理权限分配和职责划分的不同。

目前我国公司的组织形式按经济成分和投资主体不同划分，有股份制公司、国有公司、集体公司、私营公司、中外合资经营公司、中外合作经营公司、外商独资经营公司及其他经济组织等形式。不同组织形式的公司，其资金来源和利润分配有着较大的差别，其遵守的财务制度、法律法规等也不尽相同。公司在进行财务活动时，必须根据公司的组织形式来筹集资金、投放资金和分配收益，处理好公司与各方面的财务关系。

（二）公司资产规模

公司资产规模是指公司所拥有的流动资产、固定资产、长期资产和无形资产的总和，它在一定程度上反映了公司的资金实力。大型公司资金实力雄厚，一般考虑大型的投资项目，以取得规模经济效应；而小型公司资金实力相对较弱，投资项目只在小范围内进行。

在注重公司资产规模大小的同时，还应关注其结构比例。公司的流动资产体现了其营运能力，固定资产则体现了公司的生产能力，公司的生产能力与营运能力必须相互配合，两者之间保持一定的比例，才能保证公司正常的生产经营活动。否则，固定资产过多，流动资产过少，会造成固定资产闲置；反之，流动资产过多，固定资产过少，又满足不了生产的需要。

公司除了安排好资金占用方面的结构比例外，还要安排好资金来源方面的结构比例，即安排好自有资金与借入资金的结构比例、负债与所有者权益的结构比例。公司必须根据自身的资产规模和结构比例，来规划自己的财务行为和进行财务决策，以便发挥资金的最大经济效益。

（三）公司生产经营状况

1. 公司生产状况

公司生产状况主要包括公司所处的生产条件和公司产品的生命周期。

（1）公司所处的生产条件。公司按所处的生产条件可以分为技术密集型公司、劳动密集型公司和资源开发型公司，不同的生产条件要求有不同的财务行为与之相适应。

①技术密集型公司拥有较多先进设备，固定资产比重大，公司需要筹集大量的长期资金。

②劳动密集型公司所需人力较多，固定资产比重较小，公司需要筹集大量的短期资金。

③资源开发型公司需要投入大量资金用于勘探、开采，资金回收时间长，公司则需要筹集较多的长期资金。

（2）公司产品的生命周期。公司产品的生命周期通常分为初创期、成长期、成熟期和衰退期四个阶段。

①初创期。初创期是指产品的研究、开发、试制与投产试销阶段。其特点是产品尚未被消费者认可，试制、推销费用较大，产品成本高，销量、盈利情况也不尽如人意。

②成长期。这一时期产品试销成功，初步占领市场，销售量快速增长，利润也迅速增加。

③成熟期。这一时期公司之间竞争激烈，该产品市场逐步趋于饱和，公司盈利水平开始滑坡。

④衰退期。这一时期产品开始老化，逐步丧失竞争能力，转入更新换代阶段。

不管是对个别产品还是对整个公司而言，产品收入的多少、成本的高低、利润的大小以及公司资金周转的快慢都会因不同产品生命周期而存在较大的差别。因此，公司不仅要针对产品所处的阶段采取适当的措施，并且要有预见性地开发新产品，保持公司在同行业中的领先地位和竞争优势。

2. 公司销售状况

公司销售状况反映了公司产品在销售市场上的竞争程度。公司所处的销售状况按其竞争程度可分为以下四种。

（1）完全竞争市场。完全竞争市场的特点是公司数量很多，商品差异不大，公司产品销售价格主要取决于市场供求关系。

（2）不完全竞争市场。不完全竞争市场的特点是公司数量较多，但在商品的质量、月艮务、特性等方面存在一定的品牌差异，因此产品价格也会有一定程度的差异。那些生产规模大、质量优、服务好、品牌知名度高的公司在同行业中具有较强的竞争能力。

（3）寡头垄断市场。寡头垄断市场的特点是公司数量很少，公司之间的商品质量、服务、特性等方面略有差异，个别公司对其产品价格有较强的控制能力。

（4）完全垄断市场。完全垄断市场的特点是该行业为独家生产经营，其产品价格与市场也为独家公司控制。

公司销售状况，对公司财务管理具有重要的影响。面对完全竞争市场的公司，由于产品价格和销售量容易出现波动，风险较大，因此要慎重利用债务资金；面对不完全竞争市场和寡头垄断市场的公司，应注重产品特色，创出名牌产品，应在产品开发、宣传、售后服务等方面投入较多资金；而面对完全垄断市场的公司，由于其产品销售畅通，价格波动不大，利润较稳定，风险较小，可较多地利用债务资金。

（四）公司内部管理水平

公司内部管理水平是指公司内部各项管理制度的制定及执行情况。从公司财务管理来看，如果内部有着完备、健全的管理制度并能得到严格执行，就意味着公司财务管理有着较好的基础，有章可循，公司财务管理工作起点较高，容易走上规范化的轨道并带来理想的理财效果；反之，若公司内部管理制度不健全，或者即使有制度但没有严格执行，这必然给公司财务管理工作带来困难。在这种情况下，对公司财务管理的要求不能脱离实际，不能过高过急，要有一个循序渐进，逐步完善、规范和提高的过程。

第三节　公司财务管理的目标

一、财务管理的目标

财务管理的目标又称为理财目标，是公司财务活动希望实现的结果，是评价公司理财活动是否合理的基本标准；财务管理的目标直接反映理财环境的变化，并根据环境的变化做适当调整，是公司一切财务活动的出发点和归宿，决定着公司财务管理的方向；财务管理目标制约着财务运行的基本特征和发展方向，是财务运行的一种驱动力，不同的财务管理目标会产生不同的财务管理运行机制。因此，科学地设置财务管理目标，对优化财务行为、实现财务管理的良性循环具有重要意义。

公司财务管理的目标有以下几种具有代表性的模式。

（一）利润最大化

利润最大化是西方微观经济学的理论基础，西方经济学家和公司家以往都以利润最大化作为公司的经营目标和理财目标，他们认为，利润代表了公司新创造的财富，利润越多，则说明公司的财富增加得越多，越接近公司的目标。时至今日，这种观点在理论界与实务界仍有较大影响。经济学家弗里德曼（Friedmann）生前最富争议的观点也许就是"公司的唯一目标是赚钱并向股东提供回报"。

用利润最大化来定位财务管理目标，既简明实用又便于理解，有其合理的一面，但其具有以下致命的缺陷。

1. 利润最大化目标没有考虑利润获取的时间

投资收益现值的大小，不仅取决于其收益将来值总额的大小，还要受取得收益时间的制约。因为早取得收益，就能早进行再投资，进而早获得新的收益，利润最大化目标忽视了这一点。例如，在投资决策中，今年获利 100 万元和明年获利 100 万元的项目，若仅以利润来衡量，忽视现金流入的时间，就难以做出正确的判断。

2. 利润最大化目标没有考虑所获利润与投入资本额之间的关系

利润最大化是一个绝对指标，无法在不同资本规模的公司或同一公司的不同时期以利润额大小来比较、评价公司的经济效益。比如，同样获得 200 万元的利润，一个公司投入资本 2000 万元，另一个公司投入 1500 万元，哪一个更符合公司的目标？如果不与投入的资本额相联系，就难以做出正确的判断。

3. 利润最大化目标没有考虑风险

在市场经济条件下，收益与风险并存，一般情况下，收益与风险成正比。如果盲目追求利润最大化，而忽视风险因素，可能导致公司陷入严重危机。

4. 利润最大化目标容易导致公司的短期行为

如果公司只顾实现当前的最大利润，而忽视了公司的长期发展战略，那么可能使公司做出错误决策。

（二）每股盈余最大化

这一目标的优点是把公司实现的利润额同投入的资本或股本进行对比，能够说明公司的盈利水平，可以在不同资本规模的公司或期间进行比较，揭示其盈利水平的差异，但该指标也仍然存在以下两个缺陷。

（1）每股盈余最大化没有考虑货币的时间价值。

（2）每股盈余仍没有考虑风险因素，也不能避免公司的短期行为。

（三）公司价值最大化

公司价值最大化是指通过公司财务上的合理经营，采用最满意的财务决策，在考虑货币时间价值、风险价值和公司长期稳定发展的基础上，使公司总价值达到最大。所谓公司价值，就是公司总资产的市场价值，也是公司债务价值与所有者权益价值（股东财富）之和。投资者在评估公司资产的价值时，一般以资产能够给公司带来经济利益的折现值来计量，它反映了公司资产的潜力或预期获利能力。如果公司不存在破产倒闭的可能，公司债务的折现值一般是一个定数，公司价值最大化也就是业主经济利益最大化或股东财富最大化。如果公司面临破产风险，公司的债权人将在实质上控制公司资产，则公司价值最大化就会与公司债务价值最大化密切相关，或者说事实上就是债权人经济利益最大化。对上市公司来说，股东财富是股票价格与股本的乘积，当公司总股本不变时，股东财富最大化就是股票价格最高化。对一般公司来说，业主经济利益最大化就是在考虑货币时间价值和风险因素后，使公司为业主创造的未来现金流量最大化。

以公司价值最大化作为财务管理目标，其基本思想是将公司长期稳定的发展和持续的获利能力放在首位，强调在实现公司价值增长中对有关利益的满足。它满足了投资者对公司的要求，也保证了债权人的利益；它能使公司职工的利益得到最大满足；它还有利于社会资源的合理配置，有利于促使管理当局克服管理上的短期行为，将自身的个人目标与公司目标协调一致。

当然，以公司价值最大化作为财务管理目标也有一些不足之处。例如，股价会受到多种因素的影响，即期市场上股票的价格并不是完全由公司未来的获利能力所决定的；对非上市公司来说，如何准确计量其价值，在实践中有许多困难；公司的相关利益者并不完全认同公司价值最大就会满足其利益；等等。但是，现代财务主流理论还是将其作为财务管理的最优目标。

二、财务管理目标的协调

公司的财务活动涉及不同的利益主体，不同的利益主体构成了不同的财务关系。因此，将"公司价值最大化"作为财务管理的总体目标，首要的要求就是要协调相关者之间的利益关系，化解他们之间的利益冲突。

对公司而言，股东、经营者和债权人是公司最重要的利益相关者，他们之间构成了公司最终的财务关系。股东委托经营者代表他们管理公司，为实现他们的目标而努力，但经营者与股东的目标并不完全一致。同时，债权人把资金借给公司，为的是自己的投资收益，并不是为了实现公司价值最大化，与股东的目标也不一致。这就是所谓的委托代理问题。因此，公司必须协调这三个方面，才能实现自己的财务管理目标。

（一）股东与经营者利益冲突与协调

经营者和股东的主要利益冲突，就是经营者希望在创造财富的同时，能够获取更多的报酬、更多的享受，并且尽可能地避免风险；而股东则希望经营者以最大的努力完成自己的委托，使自己的财富最大化，即以较小的代价（报酬）实现更多的财富增值。

因此，经营者有可能为了自身的利益而背离股东的利益。这种背离表现在以下两方面。

1. 道德风险

经营者只是为了达到自己的经营目标，他们没有必要为提高股价而冒险，股价上涨的好处将归于股东，如若失败，他们的"身价"将下跌。他们不做什么错事，只希望能增加一些闲暇时间。这样做不构成法律和行政责任问题，而只是道德问题，股东很难追究他们的责任。

2. 逆向选择

经营者为了自己的目标而背离股东的目标。例如，装修豪华的办公室、购置高档汽车等；借口工作需要乱花股东的钱；或者蓄意压低股票价格，自己借款买回，导致股东财富受损。

通常，为了防止经营者背离股东目标，股东会同时采取监督和激励两种方式来协调自己和经营者的目标。

（1）监督

经营者背离股东目标的前提条件是双方信息不对称，经营者了解的公司信息比股东多。避免"道德风险"和"逆向选择"的方式是股东获取更多的信息，对经营者进行监督，在经营者背离股东目标时，减少其各种形式的报酬，甚至解雇他们。

（2）激励

防止经营者背离股东利益的另一种途径是采用激励计划，使经营者分享公司增加的财富，鼓励他们采取符合股东利益最大化的行动。例如，公司盈利率或股票价格提高后，给经营者以现金、股票期权奖励。支付报酬的方式和数量，有多种选择。报酬过低，不足以激励经营者，股东不能获得最大利益；报酬过高，股东付出的激励成本过大，也不能实现自己的最大利益。因此，激励可以减少经营者违背股东意愿的行为，但也不能解决全部问题。全面监督及激励实际上是行不通的，受到成本的限制，股东不可能事事都监督、面面都激励。因此，监督成本、激励成本和偏离股东目标的损失之间，此消彼长、相互制约，股东要权衡轻重，力求找出能使三项之和最小的最佳解决办法。

（二）大股东与中小股东利益冲突与协调

大股东通常是指公司的控股股东，他们持有公司大多数股份，拥有对公司的决策权及管理权。而人数众多但持有股份数量很少的中小股东由于其持股比例较低，基本上丧失了对公司的决策权与管理权，仅剩下按照各自的持股比例对公司利润的索取权。由于大股东的权利优势及信息优势，小股东的权利与利益很容易被大股东以各种形式侵害，例如，大股东操纵管理层、操纵股价，大股东挪用上市公司资金、实施不当关联交易，等等。这就是大股东与中小股东之间的委托代理问题。

在我国，由于特殊的制度背景，大股东侵害中小股东利益的情况尤其突出。因此，如何控制大股东的不正当行为，保护中小股东的利益，是公司财务管理关注的重点问题之一。目前，主要有以下保护机制。

（1）完善上市公司的治理结构，使股东大会、董事会和监事会三者有效运作，形成相互制约的机制。具体来说，首先，采取法律措施增强中小股东的投票权、知情权和裁决权；其次，提高董事会中独立董事的比重，独立董事可以代表中小股东的利益，在董事会中行使表决权；最后，建立健全监事会，真正实现监事会对董事会和管理层的监督，保证监事会在实质上的独立性，并赋予监事会更大的监督权和起诉权。

（2）规范上市公司的信息披露制度，保证信息的完整性、真实性和及时性。同时，应完善会计准则体系和信息披露规则，加大对信息披露违规行为的处罚力度，对信息披露的监管也要有所加强。

（三）股东与债权人利益冲突与协调

当公司向债权人借入资本后，二者形成一种基于债权债务的委托代理关系，债权人把资金借给公司，要求到期时收回本金，并获得约定的利息收入；公司借款的目的是用于扩大经营，投入经营项目，以此获得收益。因此，二者的利益并不完全一致。

对于债权人而言，他们事先知晓借出资金是有风险的，因此会把这种风险的相应报酬纳入利率。通常要考虑的因素包括现有资产的风险、预计新增资产的风险、现有的负债比率、未来的资本结构等。但是，借款合同一旦成为事实，资金提供给公司，债权人就失去了控制权，股东可以通过经营者为了自身利益而伤害债权人的利益，可能采取的方式有以下两个方面。

（1）股东不经债权人的同意，投资于比债权人预期风险更高的新项目。如果高风险的计划侥幸成功，超额的利润归股东独享；如果计划不幸失败，公司无力偿债，债权人与股东将共同承担由此造成的损失。尽管按法律规定，债权人先于股东分配破产财产，但多数情况下，破产财产不足以偿债。所以，对债权人来说，超额利润肯定拿不到，发生损失却有可能要分担。

（2）股东为了提高公司的利润，不征得债权人的同意而指使管理当局发行新债，致使旧债券的价值下降，使旧债权人蒙受损失。旧债券价值下降的原因是发行新债后公司负债比率加大，公司破产的可能性增加。如果公司破产，旧债权人和新债权人要共同分配破产后的财产，使旧债券的风险增加，其价值下降。尤其不能转让的债券或其他借款，债权人不能出售债权以摆脱困境，处境更加不利。

为了防止利益被损害，债权人可以寻求立法保护，如破产时优先接管剩余财产、优先于股东分配剩余财产等。此外，常见的协调股东与债权人的利益冲突的方式有限制性借款、收回借款或停止借款等。

第四节　公司利润分配研究管理

一、公司利润及其分配

（一）利润及其构成

利润是指公司在一定会计期间的经营成果。利润包括收入减去费用后的净额、直接计入当期利润的利得和损失等。

直接计入当期利润的利得和损失，是指应当计入当期损益、会导致所有者权益发生增减变动的、与所有者投入资本或者向所有者分配利润无关的利得或损失。

1. 营业利润

公司的营业利润计算公式为：

营业利润＝营业收入－营业成本－营业税金及附加－销售费用－管理费用－财务费用－资产减值损失 ± 公允价值变动收益（或损失）± 投资收益（或损失）

其中，营业收入是指公司经营业务所确认的收入总额，包括主营业务收入和其他业务收入。主营业务收入是指公司为完成其经营目标所从事的经常性活动实现的收入。主营业务收入一般占公司总收入的较大比重，对公司的经济效益产生较大影响。比如，工业公司的主营业务收入主要包括销售商品、自制半成品、代制品、代修品，提供工业性劳务等实现的收入。其他业务收入是指公司为完成其经营目标所从事的与经常性活动相关的活动实现的收入。其他业务收入属于公司日常活动中次要交易实现的收入，一般占公司总收入的比重较小。不同行业公司的其他业务收入所包括的内容不同，比如，工业公司的其他业务收入主要包括对外销售材料、对外出租包装物、商品或固定资产、对外转让无形资产使用权、对外进行权益性投资（取得现金股利）或债权性投资（取得利息）、提供非工业性劳务等实现的收入。

营业成本是指公司经营业务所发生的实际成本总额，包括主营业务成本和其他业务成本。主营业务成本是指公司销售商品、提供劳务等经常性活动所发生的成本。其他业务成本是指公司除主营业务活动以外的其他经营活动所发生的成本。

资产减值损失是指公司计提各项资产减值准备所形成的损失。

公允价值变动收益（或损失）是指公司交易性金融资产等公允价值变动形成的应计入当期损益的利得（或损失）。

投资收益（或损失）是指公司以各种方式对外投资所取得的收益（或发生的损失），包括公司对外投资的利润、利息和投资转让或收回时高于或低于账面的差额。

管理费用是指公司为组织和管理生产经营活动而发生的各种管理费用，包括公司在筹建期间发生的开办费、董事会和行政管理部门在公司的经营管理中发生的或者应由公司统一负担的公司经费（包括行政管理部门职工薪酬、物料消耗、低值易耗品摊销、办公费和差旅费等）、工会经费、董事会费（包括董事会成员津贴、会议费和差旅费等）、聘请中介机构费、咨询费（含顾问费）、诉讼费、业务招待费、房产税、车船使用税、土地使用税、印花税、技术转让费、矿产资源补偿费、研究费用、排污费，以及公司生产车间（部门）和行政管理部门发生的固定资产修理费等。

财务费用是指公司为筹集生产经营所需资金等而发生的筹资费用，包括利息支出（减利息收入）、汇兑损益以及相关的手续费、公司发生的现金折扣或收到的现金折扣等。

销售费用是指公司在销售商品和材料、提供劳务过程中发生的各项费用，包括公司在销售商品过程中发生的包装费、保险费、展览费和广告费、商品维修费、预计产品质量保证损失、运输费、装卸费等费用，以及公司发生的为销售本公司商品而专设的销售机构的职工薪酬、业务费、折旧费、固定资产修理费等费用。

2. 利润总额

公司利润总额计算公式为：

利润总额＝营业利润＋营业外收入－营业外支出

其中，营业外收入是指公司发生的与其日常活动无直接关系的各项利得。营业外收入并不是公司经营资金耗费所产生的，不需要公司付出代价，实际上是经济利益的净流入，不可能也不需要与有关的费用进行配比。营业外收入主要包括非流动资产处置利得、盘盈利得、罚没利得、捐赠利得、确实无法支付而按规定程序经批准后转做营业外收入的应付款项等。

营业外支出是指公司发生的与其日常活动无直接关系的各项损失，主要包括非流动资产处置损失、盘亏损失、罚款支出、公益性捐赠支出、非常损失等。其中，非流动资产处置损失包括固定资产处置损失和无形资产出售损失。

3. 净利润

公司净利润的计算公式为：

$$净利润＝利润总额－所得税费用$$

其中，所得税费用是指公司确认的应从当期利润总额中扣除的所得税费用。

（二）利润分配原则

1. 依法分配原则

公司的收益分配必须依法进行。为了规范公司的收益分配行为，维护各利益相关者的合法权益，国家颁布了相关法规。

2. 分配与积累并重原则

公司通过经营活动赚取收益，既要保证公司再生产的持续进行，又要不断积累公司扩大再生产的财力基础。恰当处理分配与积累之间的关系，留存一部分净收益以供未来分配之需，能够增强公司抵抗风险的能力；同时，也可以提高公司经营的稳定性与安全性。

3. 兼顾各方利益原则

公司的收益分配必须兼顾各方面的利益。公司是经济社会的基本单元，公司的收益分配涉及国家、公司股东、债权人、职工等多方面的利益。

4. 投资与收益对等原则

公司进行收益分配应当体现"谁投资谁受益"、收益大小与投资比例相对等的原则。

（三）利润分配的顺序

利润分配的顺序是指公司根据适用的法律、法规或规定，对公司一定期间实现的净利润进行分派必须经过的步骤。公司一般按下列顺序分配剩余利润。

（1）弥补以前年度亏损。根据《公司所得税法》的规定，公司发生的年度亏损可以用下一年度的税前利润弥补，下一年度利润不足弥补的，可以在5年内延续弥补，5年内不足弥补的，改用公司的税后利润弥补。以前年度亏损未弥补完，不得提取法定盈余公积金。

（2）按弥补亏损后的利润总额缴纳公司所得税。

（3）净利润弥补5年仍未弥补完的以前年度亏损。

（4）提取法定盈余公积金。股份制公司按当年税后利润（扣除5年后的亏损弥补）的10%提取法定盈余公积金，其他公司可以根据需要确定提取比例，但至少不低于10%提取。法定盈余公积金达注册资本的50%可不再提取，法定盈余公积金可用于弥补亏损和转增资本。

（5）提取任意盈余公积金。公司根据董事会是否提取的决定及其确定的提取比例提取任意盈余公积金。

（6）向投资者分配利润。董事会制定利润分配方案，经股东大会讨论通过后，对外公布利润分配方案，支付股利。

公司以前年度未分配的利润可以并入本年度参加利润分配，本年度未分配的利润可以并入以后年度参加利润分配。

二、股利政策

（一）股利政策的目的

公司应该通过股利政策的制定与实施，体现了以下目的。

（1）保障股东权益，平衡股东间利益关系。

（2）促进公司长期发展。股利政策的基本任务之一是要通过股利分配这条途径，为增强公司发展后劲、保证公司扩大再生产的进行而提供足够的资金。

（3）稳定股票价格。一般而言，公司股票在市场上股价过高或过低都不利于公司的正常经营和稳定发展。股价过低，必然影响公司声誉，不利于今后增资扩股或负债经营，也可能引起被收购兼并事件；股价过高，会影响股票流动性，并将留下股价急骤下降的隐患；股价时高时低、波动剧烈，将动摇投资者的信心，成为投机者的投资对象。所以，保证股价稳定必然成为股利分配政策的目标。

（二）影响股利政策的因素

1. 法律因素

（1）资本保全约束。资本保全约束规定公司不能用资本（包括实收资本或股本和资本公积）发放股利，目的在于维持公司资本的完整性，保护公司完整的产权基础，保障债权人的权益。

（2）资本积累约束。资本积累约束规定公司必须按一定的比例和基数提取各种公积金。另外，它要求在进行股利分配时，一般应当贯彻"无利不分"的原则。

2. 现金能力因素

现金股利的支付不仅要看有多少利润可供分配，还要看公司有多少现金可用于分配股利，因为有利润不一定有足够的现金支付现金股利，利润是按权责发生制计算出来的，现金是收付实现制下形成的。实践中，公司往往出现会计账面利润很多，但现金十分拮据的情况。因此，公司在制定股利政策时，必须合理预计现金收入和支出，以便制定合理的股利政策。

3. 税收因素

股票投资目的是为获取股利，或是通过低吸高抛，取得资本利得收益。但对于股东来说，二者所缴纳的所得税是不同的，现金股利的税负高于资本利得的税负。在我国股息红利的个人所得税按 20% 征收，对日常股票交易所得还没开征个人所得税，只需缴纳印花税和交易费。因此，股票价格上涨获得的收益比分得的股息、红利更有吸引力。

4. 股东构成因素

不同阶层、不同收入水平，以及不同投资目的的股东，对股利分配的要求也是不同的。

（1）控制权。从控制权的角度考虑，具有控制权的股东往往希望少分股利。原因在于，如果公司的股利支付率高，必然导致保留盈余减少，这又意味着将来发行新股的可能性加大，而发行新股会稀释公司的控制权。因此，具有控制权的股东往往主张限制股利的支付，而愿意较多地保留盈余，以防止控制权旁落他人。

（2）稳定的收入。从稳定收入的角度考虑，靠股利维持生活的股东要求支付稳定的股利。

（3）避税。一般来讲，股利收入的税率要高于资本利得的税率，因此，很多股东出于税赋因素的考虑，偏好于低股利支付水平。

5. 负债因素

当公司举借长期债务时，债权人为了保护自身的利益，可能会对公司发放股利加以限制。

6. 资本成本因素

在公司的各种筹资方法中，留用利润的资本成本是最低的而且是稳定可靠的，还可以使公司保持较强的外部筹资能力，公司的资产负债率可以保持在较理想的水平之上。但过分地强调留用利润，股利支付过少也会走向负面，因为股价有可能因投资者的不满、抛售而跌落，公司声誉受损，反而会影响公司的外部筹资能力。

7. 公司拓展因素

当公司处于发展上升阶段，具备广泛的投资机会时，需要大量的发展资金，这时公司可以考虑减少股利支出，将大部分盈利用于扩大再生产，在将来给股东以更加满意的回报，这很可能会被多数股东所接受。当公司处于盈利充裕、稳定，并无良好的拓展机会时，可考虑采用较高的股利以回报投资者。

8. 通货膨胀因素

在通货膨胀时期，公司的购买力下降，原计划以折旧基金为来源购置固定资产则难以实现，为了弥补资金来源的不足，公司购置长期资产，往往会使用公司的盈利，因此股利支付会较低。

（三）股利形式

常见的股利形式有四种：现金股利、股票股利、财产股利和负债股利，我国股票市场中主要采用的是现金股利和股票股利。

1. 现金股利

现金股利是公司以货币形式发给股东的投资收益，是最普遍的股利形式。支付现金股利要求公司必须有足够的净利润和现金，要综合分析公司投资机会、筹资能力等各方面因素，确定适当的现金股利支付率。

2. 股票股利

股票股利是公司利用增发股票的方式代替现金股利向投资人支付的投资收益。其具体形式有送股、配股。

（1）送股。送股是指公司将红利或公积金转为股本，按增加的股票比例派送给股东，如每 10 股送 4 股，是指每持有 10 股股票的股东可无偿分到 4 股。

（2）配股。配股是指公司在增发股票时，以一定比例按优惠价格配售给老股东的股票。配股和送股的区别在于：

①配股是有偿的，送股是无偿的。

②配股成功会使公司现金增加。

③配股实质上是给予老股东的补偿，是一种优惠购买股票的权力。

股票股利的发放对所有者权益总额并没有影响，它既不导致现金资产的流出，也不产生负债的增加，但是，由于公司价值未改变，股票数量增加，理论上讲，会导致每股价格的下降，由于价格的下降可能反而吸引一部分投资人的购买，购买量的增加又会造成股票价格的上涨，使投资人得到更多好处。对于股价较高的股票而言，股价下降更有利于其股票交易和增强其流动性。

（四）股利政策

1. 剩余股利政策

剩余股利政策指公司在有良好的投资机会时，根据一定的资本结构，测算出投资所需的权益资本，先从盈余中扣除，在此之后如有剩余，再将剩余部分作为股利进行分配的股利政策。

剩余股利政策以股利无关论为依据，该理论认为股利是否发放以及发放的多少对公司价值以及股价不会产生影响，而且投资人也不关心公司股利的分配。因此，公司可以始终把保持最优资本结构放在决策的首位，在这种结构下，公司的加权平均资本成本最低；同时公司价值最大。

在确定投资机会对权益资本的需求时，必须保证公司最佳资本结构，所以这种股利政策也是一种有利于降低项目资金成本，保持公司最优资本结构，实现公司价值最大化的股利政策。剩余股利政策比较适合于新成立的或处于高速成长的公司。

运用剩余股利政策的基本步骤是：

①确定目标资本结构。

②根据筹资需要和确定的目标资本结构，计算相应的权益资本筹资额。

③最大限度地以留存收益来满足这一数额。

④如有剩余则用于发放股利。

2. 固定股利支付率政策

固定股利支付率政策是指公司按每股盈利的一个固定比例，向股东分配股利。固定股利支付率发放股利，能够使股东获取的股利与公司实现的盈余紧密配合，以真正体现"多盈多分，少盈少分，无盈不分"的原则，只有这样，才算真正公平地对待了每一位股东。采用这种股利政策，实现盈利多的年份向股东发放的股利多，实现盈利少的年份向股东发放的股利少，所以不会给公司带来固定的财务负担，对公司财务而言压力较轻，但股利会随公司盈利水平而上下波动，不利于股价的稳定，会对股价产生不利的影响。

3. 阁定股利政策

固定股利政策是指公司的股利是固定不变的，无论公司盈利状况如何，向股东支付的股利每期都是相同的。通过稳定的股利支付，向投资者传递公司经营状况和财务状况良好的信息，有利于树立公司形象，稳定股价，同时还能满足投资者对股利的偏好。但是，如果遇到公司业绩下滑，利润大幅削减时还采用这种股利政策，会增加公司的财务压力。

固定股利政策以股利相关论为基础，该政策认为股利政策会影响公司的价值和影响股票的价格，投资人关心公司股利是否发放及其发放的水平。存在如下理由致使公司需要采取本政策。

①采取本政策发放的股利比较稳定，稳定的股利向市场传递着公司正常发展的信息，从而有利于树立公司的良好形象，并增强投资者对公司的信心，进而稳定股票的价格。

②采取本政策发放的股利比较稳定，稳定的股利额有利于投资者安排股利收入和支出，特别是对股利有很强依赖性的股东更是如此。而股利忽高忽低的股票，则不会受这些股东的欢迎，股票价格会因此下降。

③采取本政策发放的股利比较稳定，稳定的股利可能会不符合剩余股利政策的理论，可能会导致公司不能保持最优资本结构。但考虑到股市受多种因素影响，其中包括股东的心理状态和其他要求。因此，为将股利维持在稳定水平上，即使推迟某些投资方案或公司暂时偏离最佳资本结构，也可能要比降低股利或降低股利增长率更为有利。

4. 低正常股利加额外股利政策

低正常股利加额外股利政策是指公司先制定一个较低的股利，在公司经营状况一般时，每年只支付固定的数额较低的股利，当公司盈利状况良好时，在支付固定股利基础上，再支付一笔额外股利。这种股利政策使公司财务具有较大的灵活性，同时又使投资人的最低股利收入得到保证。因此，低正常股利也可以保证股东得到比较稳定的股利收入，从而吸引这部分股东，当公司盈余增长时，增发股利，又可以增强投资人的信心，稳定股价。

低正常股利加额外股利政策具有以下特点。

①这种股利政策具有较大的灵活性。采取此政策向股东发放股利时，当公司盈利较少或投资需要的资金较多时，可维持原定的较低但正常的股利，股东就不会有股利跌落感；当公司盈余有较大幅度增加时，又可在原定的较低但正常的股利基础上，向股东增发额外的股利，以增强股东对公司未来发展的信心，进而稳定股价。

②这种股利政策可使依靠股利度日的股东，每年至少可以得到虽然较低但比较稳定的股利收入，正因为这种股利政策既具有稳定的特点，每年支付的股利虽然较低但固定不变，又具有变动的特点，盈利较多时，额外支付变动的股利，所以这种政策的灵活性较

大，因而被许多公司采用。

（五）股利政策的选择

以上四种股利政策各有利弊，上市公司选取股利政策时，必须结合自身情况，选择最适合本公司当前和未来发展的股利政策。其中，居主导地位的影响因素是公司目前所处的发展阶段。公司应根据自己所处的发展阶段来确定相应的股利政策。

公司的发展阶段一般分为初创阶段、高速增长阶段、稳定增长阶段、成熟阶段和衰退阶段。由于每个阶段生产特点、资金需要、产品销售等不同，股利政策的选取类型也不同。

在初创阶段，公司面临的经营风险和财力风险都很高，公司急需大量资金投入，融资能力差，即使获得了外部融资，资金成本一般也很高。因此，为降低财务风险，公司应贯彻先发展后分配的原则，剩余股利政策为最佳选择。

在高速增长阶段，公司的产品销售急剧上升，投资机会快速增加，资金需求大而紧迫，不宜宣派股利。但此时公司的发展前景已相对较明朗，投资者有分配股利的要求。为了平衡这两方面的要求，应采取正常股利加额外股利政策，股利支付方式应采用股票股利的形式避免现金支付。

在稳定增长阶段，公司产品的市场容量、销售收入稳定增长，对外投资需求减少，EPS 值（每股收益）呈上升趋势，公司已具备持续支付较高股利的能力。此时，理想的股利政策应是稳定增长股利政策。

在成熟阶段，产品市场趋于饱和，销售收入不再增长，利润水平稳定。此时，公司通常已积累了一定的盈余和资金，为了与公司的发展阶段相适应，公司可考虑由稳定增长股利政策转为固定股利支付率政策。

在衰退阶段，产品销售收入减少，利润下降，公司为了不被解散或被其他公司兼并重组，需要投入新的行业和领域，以求新生。因此，公司已不具备较强的股利支付能力，应采用剩余股利政策。

总之，上市公司制定股利政策应综合考虑各种影响因素，分析其优缺点，并根据公司的成长周期，恰当地选取适宜的股利政策，使股利政策能够与公司的发展相适应。

第五节　公司财务分析

一、财务分析的理论基础

（一）财务报表反映的内容

公司的资金运动包括资金投入、资金周转和资金退出三种形式。

（1）资金投入。资金投入是资金运动的起点，公司的资金投入主要有接收投资的资本金、从银行等金融机构取得借款以及发行债券取得资金等。

（2）资金周转。根据公司的生产经营类型的不同，公司的资金周转各有特点。如工业公司的资金周转涉及的是供应、生产、销售三个过程，即以货币资金购买原材料，货币资金转变为储备物资；投入生产过程后，通过借助劳动者对劳动对象进行加工，储备物资转变成成品物资；而后将成品物资销售出去，使成品物资又转化为货币资金。

（3）资金退出。公司的销售或服务收入，抵减费用支出后形成经营成果。经营成果按规定程序进行分配，留归公司的部分重新投入生产经营过程，分给投资人的部分、上缴的税金，以及公司归还借款、偿还其他债务的部分就是资金的退出。

因此，财务报表反映的基本内容就是以货币表现的资金的投入、周转和退出情况。

（二）会计核算的基本前提

会计核算的基本前提是指会计人员对会计核算所处的变化不定的环境作出的合理判断，是会计核算的前提条件。会计核算的基本前提包括会计主体、持续经营、会计分期和货币计量四项（见表4-1）。

表4-1　会计核算的基本前提

项目	主要内容
持续经营	持续经营是指会计主体的生产经营活动将无限期地延续下去。在可以预见的未来，会计主体不会因进行清算、结算、倒闭而不复存在。持续经营前提是相对非持续经营而言的，它要求会计人员以会计主体持续、正常的经营活动为前提，在此前提下选择会计程序及会计处理方法，进行会计核算；公司在会计核算上所使用的一系列会计原则和会计处理方法都是建立在会计主体持续经营前提的基础上，持续经营假设旨在解决资产计量和费用分配问题。在持续经营的前提下，公司的会计资料的收集和处理方法才能保持稳定，如，运用实际成本原则对各种资产的计量、依照原来的偿还条件偿付其所承担的各种负债

（续表）

项目	主要内容
会计主体	会计主体亦称会计实体，是指会计工作为其服务的特定单位和组织。会计主体既可以是一个公司，也可以是若干公司组成的集团公司；既可以是法人，也可以是不具备法人资格的实体。但是，作为会计主体，它必须能够控制经济资源并对此负法律责任。也正因为如此，凡会计主体都应该进行会计核算
货币计量	货币计量是指会计主体在会计核算过程中采用货币作为计量单位，记录、反映会计主体的经营情况，并假定在不同时期货币本身的币值不变。可见，货币计量假设包含两层含义：一是一切作为会计事项的经济活动均能用货币计量；二是假定货币币值是稳定不变的。由于会计以货币作为基本计量单位，这就决定了会计核算的对象只限于那些能够用货币计量的经济活动
会计分期	会计分期是指将会计主体持续不断的经营活动人为地分割为一定期间。会计分期的目的在于通过会计期间的划分，定期核算经济活动和报告经营成果，从而及时地向有关方面提供反映经营成果和财务状况及其变动的会计信息，满足公司内部加强经营管理及其他有关方面进行决策的需要

（三）财务信息的质量原则

1. 客观性原则

所谓客观性原则，也就是真实性原则，它是指公司的会计核算必须真实地、全面地、完整地记录和反映公司的经济活动及其结果。客观性原则具体表现在以下三个方面的要求。

（1）会计记录应当是真实可靠的。这就需要公司会计人员在记录各项经济业务时，应认真地审核经济业务的原始凭证，按照《会计法》和其他法规的要求，对于不真实、不合法的原始凭证不予受理；对于记载不准确和不完整的原始凭证，应当退回要求补充或更正。既不能无中生有，也不能大事化小、小事化了，而应实事求是，真实地记录每一笔经济业务的发生情况。

（2）计算应正确无误。这是指在账务处理过程中，所记录的科目、登入的账户应当无误，数字计算应正确，保证账证、账账、账表相符。

（3）财务报告是真实、完整的。为了保证会计核算和反映的真实性，应定期或不定期地进行财产清查，保证账实相符。提交的会计报告，既不能有意地加以粉饰，夸大其词，也不能故意歪曲，或者只报喜不报忧，这些都不符合客观性原则的要求。

2. 相关性原则

相关性原则是指会计核算所提供和反映的会计信息必须确保公司内外有关方面对会计信息的相关需要，以帮助信息使用者作出正确的决策。

会计核算的相关性是以会计核算的客观性为基础的，只有真实可靠的信息，才具有相关性，虚假的信息只能导致错误的决策。但相关性原则还具有更丰富的内涵，它不仅要求会计核算的真实性，还要求公司会计人员根据不同方面的需要，根据不同的决策目标，提供有关的信息，减少决策的盲目性。

会计核算的相关性还表现在对决策的有用性，它要求公司会计部门在提供会计信息时应当根据不同的决策目标收集、加工和整理提供信息。

3. 可比性原则

可比性原则是指会计核算应当按照规定的会计处理方法进行，会计指标口径应当一致，相互可比。这一原则要求不同会计主体对同一会计事项或类似的会计事项采用相同的会计核算方法与会计处理程序。可比性原则的目的在于提高会计信息的决策相关性，使得会计主体在相互比较的基础上揭示它们之间相同与差异的原因。国家可以据以进行有关的宏观经济决策，投资者与债权人也可以根据符合可比性原则的会计信息进行有关的投资与信贷决策，公司内部的管理当局可以据此进行有关的经营管理决策。

4. 及时性原则

及时性原则是指会计核算工作要讲求时效，要求会计业务的处理必须及时进行，以便会计信息的及时利用。

及时性原则要求公司的会计人员应当在规定的期限内，完成经济活动的记录，及时地计算、结转各项数据，迅速地提交财务报告，从而保证会计信息的时效性。保证和提高会计核算的及时性，对于会计信息的有效利用，提高公司经济效益，都具有重要意义。

5. 明晰性原则

明晰性原则是指会计记录和文字说明必须清晰完整，简明扼要地反映公司的经济活动，便于使用者理解和运用。

会计信息的目的在于使用。要使用会计信息，首先必须了解会计信息的内涵，弄清会计信息的内容，否则，就谈不上信息的使用。随着经济的发展，会计信息的使用者日益广泛，不仅包括内部管理部门、上级主管部门、国家财税部门、金融部门等，而且还包括社会上的许多信息使用者，如投资者等。因此，在客观上要求会计信息清晰明了、简明扼要地反映公司的经济活动、财务状况和财务成果，从而对会计信息更好地利用。

6. 谨慎性原则

谨慎性原则是指某项经济业务有几种会计处理方法可供选择时，应当选用对业主产权产生影响最小的那种方法。例如，对资产的计价，当有两种价格可供挑选时，就应选用较低的价格入账；如果是负债，则相反。同样，如果有可能发生某项损失，则应当在本期予以确认；但如果可能获得收益，则宁可少计或不计。概言之，谨慎性原则要求确认一切可能的损失，但避免预计任何可能的收益，从而使会计报表不致引起人们过于乐观的判断。

（四）财务分析的局限性

财务分析对于了解公司的财务状况和经营成绩，评价公司的偿债能力和经营能力，帮助报表使用人制定经济决策有着显著的作用。但由于种种因素的影响，财务报表分析及其分析方法，也存在着一定的局限性（见表4-2）。在分析中，应注意这些局限性的影响，以保证分析结果的正确性。

表4-2　费用分析的局限性

项目	主要内容
通货膨胀的影响	由于财务报表是按照历史成本原则编制的。在通货膨胀时期，有关数据会受到物价变动的影响，使其不能真实地反映公司的财务状况和经营成果，引起报表使用者的误解
会计方法及分析方法对可比性的影响	会计核算上，不同的处理方法产生的数据会有差别。不同的公司采用不同的会计方法所提供的数据就会产生一定的差异，如存货的发出计价方法、固定资产计提折旧的方法等，都会对公司提供的财务信息产生影响，从而影响不同公司之间财务信息的可比性
报表数据的可靠性问题	有时，公司为了使报表显示出公司良好的财务状况甚至经营成果，会在会计核算方法上打主意或者采取其他手段来调整财务报表。这时，分析这种财务报表就易误入歧途
信息的时效性问题	财务报表中的数据，均是公司过去经济活动的结果和总结。用于预测未来的动态，只有参考价值，并非绝对合理可靠。而且，报表使用者取得各种报表时，可能离报表编制日已过去多时
报表数据信息量的限制	由于报表本身的原因，其提供的数据是有限的，对报表使用者来说，不少需要的信息可能在报表或附注中找不到

二、财务分析的程序

（一）确定分析目标

公司对外发布的财务报表是根据全体使用者的一般要求而设计的。不同的分析主体会从自己特定的目的出发，在财务报表中获取对其决策有用的财务信息。例如，公司的投资者较为关心的是公司的经营成本、获利能力及其变动趋势，公司的债权人则更关心公司的偿债能力，公司的经营管理者更加注重公司综合价值最大化。各分析主体首先必须根据自己的需要确定财务分析的目标，根据分析目标决定收集资料的多少、分析范围的大小以及分析方法的选择。

对于商业银行而言，在不同的阶段会有不同的分析侧重点。如在审查公司贷款资格的时候，主要通过财务报表分析公司的经营状况、资本结构、偿债能力等，以便对拟贷款公司的信用进行正确评估，保证信贷资金的安全；在贷中审查中，更加注重公司的贷款使用情况、现金流量情况、未来发展趋势等，以保证公司能够及时足额还本付息。

（二）信息收集整理阶段

在明确财务分析的目的基础上，拟订财务分析计划，包括分析的人员组成及分工、时间进度安排、财务分析内容及拟采用的分析方法等，根据财务分析计划收集整理财务信息。

财务分析的资料主要来源于以下几方面。

（1）财务报表。财务报表是财务分析的基础，包括资产负债表、利润表、现金流量表等。

（2）财务报表附注和财务状况说明书。借款人在编制财务报表的同时，为便于正确理解和分析财务报表，还要编制财务报表附注和财务状况说明书。财务报表附注主要说明借款人所采用的会计处理方法、会计处理方法的变更情况和变更原因、变更对财务状况和经营成果的影响，以及财务报表中有关重要项目的详细资料；财务状况说明书主要说明借款人的生产经营情况、利润实现情况和分配状况、资金增减和周转情况及其他对财务状况有重大影响的事项。商业银行对财务状况说明书应给予特别的重视，因为它是借款人对其财务状况所作的总结和说明，它可以提供一系列财务报表以外的重要信息。

（3）注册会计师查账验证报告。商业银行对注册会计师验证后的报表应给予信任，因为注册会计师的意见是依据国家有关法规和一般公认会计准则，并采取必要的验证程序后提出的，具有较强的独立性和权威性。注册会计师查账验证报告包括经审计的各种财务报表、财务报表的注释、审计报告及每年的财务状况的汇总等。

（三）财务分析实施阶段

在财务分析实施阶段，主要通过对收集整理的财务信息进行分析，评价公司的财务状况和经营成果的真实程度。在此阶段，主要采取比较分析法、结构分析法、趋势分析法、因素分析法等具体的方法，对公司的盈利能力、发展能力、偿债能力，以及公司的资产资本结构情况、现金流量情况进行分析、评价，为商业银行的信贷决策提供依据。

（四）财务分析总结阶段

在上述分析的基础上，对财务分析的结果进行汇总，形成书面报告。财务分析报告是对公司财务分析结果的概括与总结，一般具有以下主要内容（见表4-3）：

表 4-3　财务分析总结阶段的内容

项目	具体内容
摘要段	摘要段概括公司综合情况，使财务分析报告的使用者对财务分析对象有一个总括的认识
说明段	说明段是对分析对象运营及财务状况的介绍。如，介绍公司的资产资本数额、盈利或亏损情况、拟贷款数额、年限等
分析段	分析段是对公司的经营情况进行全面而深入分析研究的部分，是财务分析的重点部分。如采用表格、图示等方式，分析公司的盈利能力、发展能力、偿债能力、资产资本结构、现金流量情况等
评价段	评价段是在作出财务说明和分析后，对公司的经营情况、财务情况、盈利业绩、偿还本息的能力等作出评价和预测，为商业银行作出信贷决策提供参考

三、财务分析的基本方法

（一）比较分析法

比较分析法是将实际数据与性质相同的各种标准进行对比，从数量上确定其差异，并进行差异分析的一种分析方法，也就是将报表中的各项数据，与计划、前期、其他公司等同类数据进行比较。财务分析中经常使用的比较标准有以下几种。

（1）公认标准。公认标准是对于各类公司不同时期都普遍适用的指标评价标准，利用这些标准能衡量、揭示公司短期偿债能力及财务风险的一般状况。

（2）行业标准。行业标准是反映某行业水平的指标评价标准。在比较分析时，既可以用本公司财务指标与同行业平均水平指标对比，也可以用本公司财务指标与同行业先进水平指标对比，还可以用本公司财务指标与同行业公认标准指标对比。通过行业标准指标比较，有利于揭示本公司在同行业中所处的地位及存在的差距。

（3）目标标准。目标标准是反映本公司目标水平的指标评价标准。当公司的实际财务指标达不到目标标准时，应进一步分析原因，分析其对偿债能力的影响，为商业银行的信贷决策提供参考。

根据财务报表分析的要求和目的不同，比较分析法主要有以下几种形式。

（1）本期实际指标与该公司的前期指标相比较。通过这种分析方法可以了解公司前后各期有关指标的变动情况，进而得到公司的财务状况和管理水平的提高情况。在实际工作中，最常用的形式是本期实际与上期实际或历史最高水平的比较。具体的计算公式如下：

本期实际指标较过去实际指标的增减数额＝本期实际指标数额－过去实际指标数额

本期实际指标占过去实际指标的百分比＝（本期实际指标数额／过去实际指标数额）
×100%

（2）本期实际指标与本期计划或预算指标相比较。这一分析能够揭示实际与计划或预算之间的差异，从而掌握某种指标的计划或预算完成情况。

（3）本公司指标与国内外先进公司指标或同行业平均水平相比较。这一分析方法主要能够找出本公司与国内外先进公司及同行业平均水平的差距，明确本公司财务状况和经营管理水平在同行业中所处的地位。

（二）比率分析法

比率分析法是财务报表分析的一种重要方法。它以财务报表为依据，将彼此相关而性质不同的项目进行对比，求其比率。不同的比率，反映不同的内容。通过比率分析，可以更深入地了解公司的各种情况，同时还可以通过编制比较财务比率报表，作出不同时期的比较，从而更准确、更科学地反映公司的财务状况和经营成果。

比率分析法与比较分析法的共同之处在于，都是采用将两组指标进行对比的手段来揭示指标之间的差异程度。二者的区别在于：其一，比较分析法强调对比指标之间的可比性，即只有同质的指标才能进行比较；而比率分析法中大部分比率是在不同质但相关联的指标之间计算比值，因此比率分析法运用的范围较之比较分析法更为广泛。其二，比较分析法的分析结果主要强调绝对差异的大小，以表示同质的指标变动的规律；而比率分析法的分析结果一般是以相对数表示，以说明二者的相互关系。

商业银行在对贷款公司进行财务分析时常用的比率有流动比率、速动比率、资产负债率、存货周转率、应收账款周转率、销售利润率等。

（三）结构分析法

结构分析法是将财务报表中的某一关键项目的数字作为基数（100%），计算该项目各组成部分占总体的比例。通过结构分析可以揭示各项目的相对重要性和总体结构关系，便于提供揭示问题的途径。通常情况下，资产负债表中以资产总额为基数，利润表中以营业收入或利润总额为基数，而现金流量表中则以某一项现金总流入或现金总流出为基数，这样处理后的财务报表叫做共同比财务报表。有时，也可将结构分析与趋势分析结合应用，这两种分析方法是阅读财务报表时常用的基本数据处理方法。

（四）因素分析法

因素分析法是测定一项由多个因素组成的经济指标在变动中，各个因素相互作用关系以及每一因素对指标变动的影响方向和程度的分析方法。

任何一项综合性经济指标都是由许多因素组成的，因素之间的排列和组合方式又是多种多样的。要在多种共同影响的综合指标中，测定各因素对变动的影响程度，就只能假定在其他因素不变的条件下，测出某一因素的影响程度。因素分析法计算时分以下三个步骤。

第一步，将综合经济指标各因素之间的内在联系用数学公式表示出来。例如，影响单一产品销售收入指标的因素是销售数量和销售单价，它们之间的数量关系用数学公式表示如下：

$$销售收入＝销售数量 \times 销售单价$$

第二步，运用连环替代法或差额计算法计算各因素的影响程度。

第三步，将各个因素影响程度相加，就能计算出总的变动程度。

连环替代法，就是根据某项经济指标各因素之间的内在联系，按顺序地测定各因素对经济指标的影响方向和影响程度的方法。

第六节　公司财务管理信息化

一、建立财务管理信息系统的原则

鉴于财务管理信息系统建设的紧迫性和重要性，构筑现代财务管理信息系统就必须充分考虑建设原则。归纳起来，主要有以下七项原则。

（一）信息集成原则

财务管理系统的信息集成，不是简单的信息共享即信息互相传递，而是指信息及产生信息的系统之间的互动关系，它更多地表示动态行动，包含了公司信息的集成，可利用资源的集成。信息集成围绕业务组织数据和管理，业务处理范围从财务部门扩充到业务部门，并在业务处理的同时，通过与会计核算账户体系对应的方式直接产生账务数据，大大减少了财务部门的核算量，将以前的事后核算、监督转变为事前规划、事中控制、事后分析，有效地支持了财务管理由核算型向管理型的转变。从整个公司层面掌握资金、资产、人力、物力的使用，运筹帷幄，充分发挥了可利用资源的最大价值，并通过接口方式与营销、生产、工程人力资源等专业信息系统进行链接，保证了公司信息的同步处理以及处理信息的完整性，彻底打破了公司财务信息还主要停留在以核算信息为主、局限于财务部门应用，解决了相关业务系统不能和财务信息系统集成而形成的"信息孤岛"的现象，完成了各个下属公司财务状况的实时动态反映，实现了集团公司整体资源的优化配置和管理。

（二）分步实施，降低风险原则

财务管理信息系统的实施不仅是一个软件系统的实施，更是管理制度、管理思想的变革，还涉及公司集团内部利益的重新分配。因此，在具体实施过程中，针对公司目前财务信息化现状，结合实际，充分考虑公司管理变革的承受力，按照分步实施原则，制订分步实施计划，充分分析、研究业务需求，对项目实施目标作出切合实际的估计，明确阶段性目标，不断巩固、强化应用，不盲目追求高标准和期望一步到位，不能影响正常的生产经营活动秩序，用全面、科学、规范的业务流程、操作规范来巩固实施效果和规范公司基本业务处理行为，制作业务模式确认书，确保管理模式符合公司管理需要，逐步实现财务信息化的整体目标，保证项目整体实施效果的实现。

（三）循序渐进，持续优化原则

实施财务信息化应该充分考虑现行管理体制的延续，寻找改进管理和管理现状的平衡点，充分认识财务管理信息系统建设的长期性、持续性，考虑到已有资源的延续性、系统的扩展性，切忌大包大揽。即在财务信息化建设过程中，勿将公司正在应用的其他业务系统都拿来"改造"，因为公司信息化建设已有相当长的时间，很多单位和部门出于管理需要都建设了一些合适的专业系统。这些系统管理侧重点各有不同，只需创建财务信息系统与其接口，就可实现数据共享，以满足财务经营管理需求。因此，要着力解决财务管理中最迫切的问题，不要一味求全、求新，不要对现有管理模式进行颠覆性的变革，按照先易后难原则，对现有管理模式有针对性地改进。在整体目标指导下，不断推进，达到持续优化、提升公司管理水平的目标。

（四）重要性原则

财务信息化建设系统庞大，涉及公司集团的所有单位、部门和经营管理的各个方面，涵盖财务关联的所有业务和业务流程，触及各个管理层面，必须整体规划。但在规划信息系统时要注意分析实际情况，根据重要性原则首先把握住不同阶段的重点和要点，通过以点带面、以局部带动整体的方式推动整个系统的发展。按照现代管理理论，公司在其发展过程中总会遇到各种各样的问题，只要很好地解决了关键问题，就可以保证公司的良性发展。所以，在信息化建设中，应该明确项目实施过程中必须解决的关键环节、关键问题，明确实施的重点目标，集中资源突破关键环节、解决关键问题，以带动整个系统的建设进程，完成财务系统和业务系统的紧密结合，提高公司在复杂多变的市场环境下的竞争力。

（五）可扩展性原则

在公司管理理论的发展过程中，管理模式日新月异，管理思想层出不穷，管理的改进也带来信息化革命，信息化建设也已经从单一的模块应用发展到整体的资源规划，从解决具体的业务问题发展到资源优化配置，而信息化建设又将推动公司的发展，推动管理的进步和变革。因此，信息化建设将面临不断的自我调整，自我扩展的挑战。但公司信息化建设不可能做到面面俱到，必须预见到公司的发展和变化，具有可扩展能力，能够适应公司未来的变化，适应不断拓展、细分和不断变化的管理要求。

（六）安全性原则

财务管理信息系统是极其复杂的系统工程，必须充分考虑到安全性原则。在系统建设、运行等不同阶段遵循不同的安全管理目标，对系统建设、规划进行全面分析、研究，对实施方案进行系统验证，对咨询意见进行科学性和合理性论证，充分考虑公司的实际情况，在合适的时间通过合理的方式，循序渐进，逐步改善，保证公司管理体系的完整和安全，确保财务管理业务不间断和数据的高度安全。在系统建设过程中，各单位还必须建立健全安全管理责任制，制定安全策略，建立操作系统的安全机制，使用安全方式连接客户端与应用服务器，划分管理权限，实行身份认证登录系统，形成数据库系统、数据存放的安全机制和网络备份机制。信息安全与信息系统同步规划、同步建设，完善信息安全保障体系，建立对病毒和黑客的防范措施，确保财务管理业务不间断和财务信息高度安全。

（七）全程培训原则

由于财务管理信息系统涉及整个公司经营管理模式的变革，它把信息技术与财务管理相结合，利用先进技术不断提高管理水平，实现财务与业务一体化，这无疑对财务人员的素质和技能提出了较高要求。财务管理人员不仅要懂财务，而且要懂业务。同样，对非财务人员的其他员工也提出较高要求，他们必须掌握一定的财务管理知识，甚至是要改变日常工作管理方式。这些都要求大家从思想观念上更新和转变对财务管理的理解和认识，必须在系统建设初期开始建立人员培训制度，并在系统建设的全过程中贯彻落实，以提高财会人员及其他员工的相关业务素质。

财务管理信息系统是公司管理信息系统的核心，是以经济业务为对象，对公司经营活动进行信息收集、处理、分析和控制的计算机管理信息系统。随着现代公司制度的建立和健全，公司必须及时、准确、完整地掌握以财务信息为核心的管理信息，必须对公司内部的各种资源进行高度集中的管理、控制和配置，必须迅速地对各种财务、管理方案作出科学的、符合公司价值最大化的决策。因此，充分利用计算机和互联网技术为代表的信息革命成果，建立以预算管理为中心的集团化、网络化、一体化的全面、高效的财务管理信息系统已迫在眉睫。

二、财务管理软件的发展过程

财务软件伴随着信息技术的发展以及管理思想的不断创新而不断发展，利用计算机及网络加强与拓展传统财务信息系统的职能进入了一个加速阶段。从最初的 DOS 平台到 Windows、Unix 平台，数据库从 dBase、FoxPro 再到 SQL、Seryer、Sybase、Oracle 等大型数据库，系统结构也基本上建立在 C/S 甚至 B/S 结构上。借助大型数据库系统的管理分析功能，财务管理软件在向更强的分析功能发展，也有的在向支持公司管理的方向发展，演变成 ERP 管理软件。财务软件从最初到当今经历了以下五个时期。

（一）单项型财务软件

该阶段的财务软件基本上是运行在 DOS 操作平台的单项型财务软件，在功能上仅仅是完成一个独立的财务处理工作。

（二）基于 LAN（局域网）的核算型财务软件

该阶段的财务软件是基于 LAN 的核算型软件，应用范围从单机模式扩展到具有一定数据共享能力的小型局域网的应用，但仍然是局限于事后核算，与公司的管理严重脱钩。

（三）管理型财务软件

该阶段的财务软件采用 C/S（客户机 / 服务器）计算模式，开始涉及公司的管理内容，如财务分析、财务预测、财务控制等，因此称为管理型财务软件。

（四）第四代财务软件

随着 Internet 的日益普及与电子商务的发展，公司对财务管理系统提出更高的要求，第四代财务软件是基于 Internet 的 B/S（浏览器／服务器）计算模式，采用 Web 技术、多媒体技术和 Internet 的管理软件，符合公司经营方式向电子商务的发展战略，是国际财务管理软件技术发展的主流趋势。

（五）智能分析型财务管理系统

该系统称为第五代财务软件，是财务管理软件的重要发展方向。财务数据是公司管理中最重要的经济数据，是公司决策者必须关注的数据。由于财务数据的复杂性，在没有财务管理系统的时代，决策者更多的是看到当前月份或年度的财务数据，而深入的财务分析往往难于实现。在财务管理系统基础上，继续发展能够自动进行财务分析的管理系统，主要功能是支持数据库的应用，实现 OLAP 智能数据挖掘分析，以及提供更细致的财务报表，支持进行财务状况、损益和现金流量的结构分析、比较分析和趋势分析等主要财务指标的分析功能。

三、公司财务管理信息系统模式的构成

公司财务管理信息系统包括业务层的生产经营管理、销售管理、原材料与库存管理、固定资产与折旧管理、工资管理；管理层的账务处理、成本管理；决策层的财务分析等部分。

（一）生产经营管理系统

各个生产分厂（或车间）是生产产品的主要场所，生产经营管理子系统通过对每天的生产产品量来进行生产调度，合理安排生产，并对生产量数据进行分析，自动生成每月、每天的生产计划；通过销售子系统的产品销售价格自动计算每月的工业总产值及销售产值。

（二）销售管理系统

在公司中，销售管理的好坏是决定公司效益的重要一环。这个子系统是通过各销售点的网络终端（POS）对销售业务进行管理。按产品销售量及销售价格计算销售额、增值税等项目，生成应收账款，编制经营报表和各种应缴税款表，同时自动整理营业收入和应收款等项目的记账凭账数据，与账务处理子系统建立有机的联系。

（三）原材料与库存管理系统

在公司生产经营中，原材料与各种物料在成本中占很大比例，管理好种类繁多、价格不一的原材料与库存是降低成本的重要途径。这个子系统可对各种原材料及物料实现从采购、入库出库、调拨、结转差异到纳入成本的全过程动态管理。例如，当原材料和物料入库和出库时，电脑将自动打印入库或出库单，库存量将随即增加或减少，同时也自动整理成本费用和应付款等科目的记账凭账数据，供账务处理子系统使用。也可应用多种库存控制方法，配合采购把库存量降到最低的合理程度，减少积压损耗并加快资金周转。

（四）固定资产与折旧管理系统

在公司的有形资产中，固定资产占相当的比例，固定资产与折旧管理对成本控制和资金运用都会产生影响，在进行资本经营时，固定资产也是一个不可忽视的因素。这个子系统主要完成固定资产的购建、调拨、清理、报废等信息管理，同时完成分类汇总和统计，折旧的计提和折旧费用的分配和结转处理，及时反映公司固定资产的使用情况和增减变动信息。

（五）工资管理系统

随着用工制度的改革和社会保障制度的完善，公司的工资管理越来越复杂，除了根据考勤计算职工酬劳外，还有一系列涉及个人的社会福利保险等费用的核算，工资管理子系统运用电脑磁卡或条码考勤机采集员工考勤信息，并按成本核算的部门分类归集统计。工资核算后可计提结转福利费和有关基金供账务处理子系统处理。

（六）账务管理系统

账务管理是财务管理系统的核心，它和其他子系统集成构成一个有效的管理网络，覆盖公司的所有经营活动。它全面准确地反映了公司的经济活动状况。同时，账务处理系统又是一个大型数据库，存储了大量的财务信息，为建立高层的财务分析系统打下了基础。该系统包括科目设置、凭证处理、账务处理、报表处理等功能，通过系统集成，充分地利用销售管理、原材料与库存管理、固定资产与折旧管理、工资管理等子系统，加工处理各种信息，自动生成有关的营业收入、应收应付、成本费用和税金等科目的记账凭账，完成凭账打印、汇总、记账工作，输出总账明细账、应收应付账、银行账、现金账等各种账簿，编制损益表、资产负债表等固定报表和自定义的各种分析报表。该系统最大限度地提高了工作效率，使财务人员从繁琐重复的劳动中解脱出来，是财务管理模式从核算型向管理型发展的重要环节。

（七）成本管理系统

成本是计算经营耗费及补偿的尺度，是制定价格的重要依据，成本管理是贯穿经营活动全过程的一项综合性的工作，对公司利润有一定的影响。成本管理模式与账务处理系统集成，调入生产经营管理、销售管理、原材料与库存管理、固定资产与折旧管理、工资管理等子系统的各种成本费用和有关信息，运用各种成本组合与分解技术对公司一定时期内的成本费用按部门和类别进行归集和分配，计算各产品的总成本和单位成本，为公司改进生产、控制成本和提高利润提供依据。

（八）财务分析系统

财务分析属高层次的财务管理，它以业务层和管理层的业务为基础，不仅利用存储的内部（包括历史的和现有的）财务信息，还要利用广域网特别是 Internet 技术收集和综合外部经济技术和市场的有关信息，并运用管理科学的原理、方法和技巧，对公司经济活动进行控制，以改善公司的经营管理；同时，在资金来源和占用组合运用中找出最佳经济效益点，据此确定公司的各项财务政策，为高层领导的决策提供定量依据。系统功能包括劳动工资利用分析、物资利用分析、资产分析、财务综合分析（包括经营、成本费用、利润和资金分析预测）、价格决策支持以及提供各种方法的分析预测方法库等。

财务分析系统的建立，使公司财务管理信息系统成为结构完整、功能齐全、集成度高，集财务信息收集、综合、分析决策一体化的管理系统，以适应日趋变化的内部和外部环境。电脑作为先进的管理手段引入公司并与管理的科学方法相结合推动了公司财务管理的现代化。公司的类型不同，在财务管理上不可能有统一的模式。在强调先进性、系统性、科学性的同时，也要根据公司管理、资金、素质、技术等因素，结合实际来确定其模式和规模。目标一旦确定，就要遵循循序渐进、分步实施的原则，逐步建立和完善财务管理信息系统，最终实现公司财务管理现代化。

四、财务管理软件在公司管理信息化中的核心作用

公司信息化涵盖了产品信息化、设计信息化、生产过程信息化、公司管理信息化和市场经营信息化五个方面。这五个方面都与财务数据有着紧密联系。不同公司的核心业务是不同的，但是其核心资源都是财务，而且一个公司的会计部门是最早实现信息化的部门之一。会计部门是公司重要的管理部门，对公司所要贯彻、实行、推广的各种经营理念和公司文化起着重要作用，并在具体实施过程中，财务信息的处理也是非常重要的一个环节。因此，财务管理是信息化的必要切入点。财务管理系统应包括信息流和资金流管理，以成本控制为重点，将公司的实际业务和财务软件相结合，实现财务信息的全面高效集成，使公司资源达到最佳配置状态，提高公司的财务管理能力，为公司其他业务领域的信息化提供基础和保障。

对于 ERP（Enterprise Resource Planning，公司资源规划）和 CRM（Customer Relationship Management，客户关系管理）系统的实施，财务管理系统起着核心作用。财务管理系统在整个 ERP 中是较早实现计算机系统处理的部分，多数公司对 ERP 的实施都是从财务信息的处理开始，逐步规范公司的各项业务流程，使 ERP 的实施从财务管理部分逐步过渡到供应链业务的管理、再造资源计划、决策支持等部分。其他几部分的管理内容都和财务管理部分有一定的数据往来，并且各个部分相互交织在一起，共同组成一个完整的系统。公司级的 CRM 系统通常包括销售管理市场管理、客户服务和技术支持四部分。财务管理方面的信息数据为这些部分的协调、正常运行提供有关的财务数据支持。因此，财务管理系统的应用在公司的管理信息化中有着重要作用。

第五章

风险资本对公司治理的影响

本章分别从风险资本对企业技术创新的影响、风险资本对企业公司治理的影响、公司治理对企业技术创新的影响,以及要素密集度差异性相关研究四个方面进行文献回顾。其中,在风险资本对企业技术创新的影响方面,本书主要从风险资本与技术创新之间的关系以及不同特征的风险资本对技术创新的影响差异这两个方面对现有相关文献进行梳理;在风险资本对企业公司治理的影响方面,主要从风险资本影响企业公司治理的动因以及经济后果对以往文献展开综述;在公司治理对企业技术创新的影响方面,主要是从所有权制度安排、董事会结构与运行特征和经理层激励制度设计等方面对现有文献进行综述与评析。

第一节 风险资本对企业技术创新的影响

一、风险资本与企业技术创新的关系

大量文献认为,创新活动本质上是一种投资行为,不仅仅在研发阶段,而且在技术创新整个过程中所涉及的各个步骤和环节都需要大量的资本支持,因此,资本市场对于企业技术创新具有十分重要的作用。然而,在上市之前的企业通常处于发展初创期,企业发展轨迹、成长性及能否成功均存在较大不确定性,因此,很难通过银行借款等传统方式获得融资。相比较而言,风险资本可能对创业企业更具有适应性,更有助于解决创业企业融资受限问题,为其提供基本的"资源"保证。但创新活动与传统项目相比具有投入大、持续时间长、产出不确定以及价值难以度量等特点,而风险资本受限于其投资目标和投资周期,要求在退出时实现自身利益最大化,这可能导致风险资本的短期目标与创新活动的长期性产生冲突。因此,大量文献对风险资本与创业企业技术创新之间的关系进行了理论分析和实证检验。从结果来看,目前对于该问题的探讨仍处于探索阶段,尚未形成成熟一致

的结论。

　　以往研究中绝大部分的文献均证明，风险资本能够为被投资企业提供资金支持，对创业企业技术创新具有一定的促进作用。最早对此展开研究的当属 Kortum 和 Lerner（2000）两位学者，他们通过对获得风险资本支持的企业和未取得风险资本支持企业的对比分析，发现具有风险资本背景与申请专利数、专利引用次数呈现显著正相关性。Tykvova（2000）通过研究指出，风险资本是一种具备较高风险承担能力的股权资本，其投资目的是寻求高投资收益，对于资金需求量大的初创期企业而言是良好的融资来源，它能够为风险和收益双高的投资活动匹配相应的资本。此后，也有许多学者从资金提供的角度证明了风险资本对企业技术创新的作用。Bertoni 等人（2010）采用意大利 351 家新兴高科技企业的数据进行实证研究，发现风险资本的资金支持能够对被投资企业后续的专利申请活动产生积极的影响。Popov 和 Roosenboom（2012）采用 1991—2005 年欧洲 21 个国家的数据对风险资本和企业专利获得数量之间的关系进行实证研究，研究表明风险资本为被投资企业技术创新提供了融资支持，促进了专利的获得。吴超鹏等人（2012）分析了风险资本与企业投融资决策之间的关系，并对背后的作用机理进行研究，结果表明风险资本有助于促进企业获取外部债务和股权资本，以补充企业在各类投资时需要的资金量。王兰芳和胡悦（2017）从数量和质量的角度对创新绩效进行度量，采用中国企业面板数据进行实证分析，发现风险资本能够对技术创新产生有效的促进作用，并且区分样本企业后发现，在对外部融资、技术依赖度高的行业和拥有良好知识产权保障的区域，风险资本对创新的作用更加明显。

　　除了可以为被投资企业的技术创新活动提供更多的资本支持，大量的理论和实证研究还表明，风险资本还可以为被投资企业提供特有的非资本增值服务以提高技术创新水平。Hellmann 和 Puri 从风险资本、创新和产品市场三个方面展开分析，选择位于硅谷的173 家高科技企业作为研究样本进行实证检验，发现有风险资本背景的企业在产品从研发到进入市场的整个过程中显得更有经验和能力。Hirukawa 和 Ueda 认为，风险投资者通常在战略规划、营销活动、财务管理等领域具备较高的专业技能，能为被投资企业提供专业化的咨询和指导，从而促进公司资源向科技创新领域倾斜，促进技术创新产出的增加。Chemmanur 等人利用美国制造业的调查数据进行分析，研究发现与其他企业相比，有风险资本背景的公司在风险资本进入前就已经具有较高的全要素生产率，在风险资本进入后，其全要素生产率比无风险资本背景企业增长得更快。陈伟区分了政府背景和民营背景的风险资本，通过分析不同类型风险资本影响技术创新背后的作用机制，认为风险资本可以为被投资企业提供独特的非货币性质的增值服务，这有助于提高被投资企业技术创新的成功率，同时为创新成果顺利转化提供一定的保障。Maula 等人认为，风险资本凭借特定行业的长期投资经验积累，可以引导高层管理者注意技术不连续性和随之而来的商业机会，从而有助于创业企业创新水平的提升。Bernstein 等人采用对风险资本的大规模调研数据进行实证研究，在排除了选择效应后，结果显示风险资本家对他们的投资组合公司的现场参与导致了创新的增加和成功退出的可能。Colombo 和 Murtinu 认为，被投资企业可以利用风险资本的关系网络从外部获取大量有形和无形的资源，从而实现企业创新，提升企业价值。陈思等人以深沪两市首次公开上市的 A 股公司为样本，运用双重差分模型分析风险资本影响企业创新的潜在路径和机理，结果表明吸引研发人才和风险资本提供经验指导起到中介作用：一方面，风险资本的进入有利于被投资企业吸引和留住研发人才，扩大研发团队，促进团队合作，进而提升创新能力；另一方面，风险资本为被投资企业提供了行业指导和发展所需的资源，为企业技术创新提供必要的物质和经验支持。王兰选择科技型创业企业作为样本企业进行研究，结果表明风险资本提供增值服务能够显著促进企业技术创新绩效。

此外，也有学者指出，风险资本作为积极股东可以严格对被投资企业创新行为进行监督控制，以保证其技术创新的顺利进行。程昆等人的研究表明，风险资本可以通过加强监控缓解技术创新融资中的信息不对称问题，减少道德风险，从而促进技术创新。Caselli 等人以在意大利证券交易所上市的 37 家意大利风险资本公司为样本，通过统计匹配程序从非风险资本支持的 IPO 企业中挑选了 37 家配对公司。其研究证据表明，风险资本能够在选择阶段对被投资公司的创新能力进行充分调查，从而确保被投资公司的创新能力。买忆媛等利用美国考夫曼创业企业基金会的"考夫曼企业调查"（Kauffman firm survey，KFS）数据展开实证检验，结果表明风险资本对被投资企业的控制力一般较强，在风险资本的支持与控制下，被投资企业更重视长期竞争优势的获取和发展的可持续性，而技术创新是能够满足上述目标的投资活动，因此，这类企业在创新方面的投入力度更大。Rosenbusch 等人从信息不对称的视角对风险资本与技术创新的关系进行了研究，研究发现风险资本在投资之前会采取一系列措施对被投资企业展开深入调查，以期从各备选企业中选出创新能力强、发展潜力大的企业，从而为投资后被投资企业技术创新的顺利实现，以及自身获取高额增值回报奠定基础。

但是，也有部分文献研究表明，风险资本对于被投资企业技术创新的作用较为有限。Engel 和 Keilbach 以德国成立时间较短的年轻企业为样本研究风险资本对技术创新的影响，对样本进行匹配并将其划分为有风险资本的实验组样本和无风险资本的对照组样本，发现在风险资本进入之前，获得风险资本支持的实验组企业专利申请数量要显著高于对照组企业，而在风险资本进入之后，实验组企业和对照组企业的专利申请数并无显著差异，表明风险资本根据年轻企业的创新能力选择是否进入和参与投资。陈见丽采用我国深圳创业板的高科技上市公司数据进行分析，对风险资本与技术创新的关系展开探究。其研究发现由于我国风险资本可能存在短视行为，风险资本既难以对被投资企业提供更多的创新资源，也难以为高科技企业创新成果的顺利实现和转化提供更有力的保障。沈丽萍在对我国创业板上市公司进行研究后，同样发现风险资本与企业技术创新的关系不显著，其原因主要在于我国风险资本普遍会在上市后择机退出，并不关注企业的技术创新能力。温军和冯根福采用我国在中小板和创业板上市的企业相关数据进行分析，结果表明风险资本并未促进被投资企业技术创新水平的显著提升，反而存在攫取现象，且其正向支持作用难以抵消负向影响。

二、风险资本对企业技术创新的影响差异

随着研究的不断深入，一些学者认为风险资本对企业创新的影响不能一概而论，其影响会因风险资本种类和投资行为特征的不同而有所差异。现有研究主要从风险资本的资金来源背景、投资所处阶段、组织治理结构等方面研究探讨风险资本对企业技术创新的影响差异。

在资金来源背景方面，Lerner 认为，当出现信息的严重不对称现象时，民营风险资本通常会寻找相关的积极信号（例如，国有风险资本对某企业进行了投资）以提升其投资的保障。但是许多实证研究却表明国有背景的风险资本在支持技术创新方面的效果相对有限。Grilli 和 Murtinu 以欧洲高技术企业为样本，对比分析了国有控股风险资本和独立风险资本对企业销售增长的影响，结果显示国有风险资本对高新技术企业的销售增长没有显著的促进作用，但独立风险资本能够促进高新技术企业的销售增长。余琰等人以我国在深圳中小板和创业板上市的企业为研究对象，分析了风险资本的产权性质对其创新投资行为和投资成效的影响。其研究发现，风险资本在创新上的表现总体上符合私人利益假说的预期，而不符合社会价值假说的预期，其投资行为并没有体现出其初衷，对促进技术创新的作用也并不显著，未产生明显的价值增加效果。左志刚等人以风险资本投资的未上市企业作为研究数据来源，分析了我国国有风险资本是否在早期投资领域具有引导效应。其研究表明在系列投资中，国有风险资本投资的时点较为靠后；另外，当国有风险资本作为领投方进行投资时，后续跟投的民营风险资本较少，说明国有风险资本的引导效应并未显现。

在投资所处阶段方面，荀燕楠和董静以我国中小板上市公司为研究样本，将风险资本进入企业的时期分为企业初创期、发展期和扩张期，并运用回归分析对风险资本与企业技术创新之间的关系进行了实证研究，结果发现无论是在研发投资层面还是专利产出层面，均是风险资本进入企业的时期越早，对企业技术创新的影响越积极。Kerr 等人采用断点回归方法，发现当企业获得风险资本的投入时，被投资企业的创新能力和发展水平都显著提高，且风险资本成功退出的概率也更高。Tian 和 Wang 发现年轻的、缺乏经验的风险资本对失败容忍度更低，且不利于公司的创新孵化。

在组织治理结构方面，Gompers 和 Lerner 指出不同的风险资本具有不同的组织治理结构，并相应产生不同的投资目标，进而影响被投资企业的发展轨迹。Lerner（2012）指出促进企业创新的多种组织形式中，"混合机构"效果最好，即在研发实验室属性和企业属性相结合组成的混合形式下，企业创新能力最优。Chemmanur 等人（2014）对比独立风险资本和公司风险资本这两种形式后发现，公司风险资本的创新能力更强，企业专利产出更多，其原因主要在于公司风险资本相比独立风险资本拥有更好的专业知识以及更高的失败容忍度。王雷和周方召（2017）利用中国股票市场 2008—2011 年 A 股市场首次公开发行的上市公司数据，应用面板数据固定效应模型与倾向得分匹配法，从互补性资产的视角，实证分析了公司风险资本与独立风险资本对被投资企业技术创新的影响。其结果表明，获得公司风险资本投资的企业研发投入显著高于获得独立风险资本投资的企业，公司风险资本提供的不同类型互补性资产对被投资企业的影响存在差异。

第二节　风险资本对企业公司治理的影响

一、风险资本影响企业公司治理的动因

学者在早期的研究中关注了风险资本影响企业公司治理的动机。许多研究表明内部人的机会主义行为是风险资本十分关注的重要现象。比如，Sahlman（1990）对风险资本和被投资企业经理人之间的关系展开分析，认为当风险资本对企业进行投资后，风险资本就成为了委托人，被投资企业经理人就成为代理人，两者之间存在较为严重的信息不对称问题。被投资企业经理人存在自利动机，从而实施机会主义行为，损害风险资本的利益。因

此，风险资本需要对其进行监督与激励。为了缓解这种信息不对称问题，保护自身的投资利益，风险资本作为一种"积极股东"，有动机对企业的治理过程进行深入了解和积极参与，从而对经理人的各项决策和活动进行监控，保障其利益诉求顺利实现。Smith（1996）针对机构投资者的特征进行深入研究后也指出，机构投资者由于持股比例较高、退出相对困难，因此，往往更倾向于采取"用手投票"的手段，即利用法律赋予的表决权和控制权预防、制止经理人的机会主义行为；而风险资本作为一种专注于初创期和成长期企业的机构投资者，有理由积极参与被投资企业的治理过程。谈毅和叶岑（2001）从理论上分析了风险资本与公司治理之间的关系，指出风险资本本身在组织结构上具有独特性，风险资本将有强烈动机对被投资企业进行监督和管理，进而完善被投资企业的公司治理结构，协调有关各方的利益关系。齐绍洲和罗威（2004）分析了风险资本参与公司治理的动因与方式，认为风险资本具有双重属性，包括通过资金投入获取投资收益的"金融家"属性和积极参与被投资企业公司治理的治理参与属性，且风险资本参与公司治理比其他股东参与治理更能产生价值增长，进而保障企业的发展和风险资本机构的持续发展。龙勇等人（2010）指出风险资本投资企业后，通常会以项目监控和增值服务两种形式参与企业管理，并进而对被投资企业治理结构中董事会、股权结构和激励约束三方面产生影响，有助于改善企业治理结构，从而为企业技术创新能力的提高和持续快速发展创造良好条件。

二、风险资本影响企业公司治理的经济后果

现有文献普遍认为风险资本会对被投资企业公司治理产生一定的影响，以往研究对风险资本影响企业的治理结构安排和经理层的激励机制设计（Kaplan 和 Stromberg，2003）这两个方面进行了大量的理论分析与实证检验。

在治理结构安排方面，一些经验证据表明风险资本的介入能够优化公司的治理结构，缓和委托代理矛盾。Lerner（1995）的研究发现，风险资本进入被投资公司董事会有助于优化企业决策过程，特别是在首席执行官发生更替时，风险资本机构会增加参与治理的董事数量以增强对企业的监督力。Suchard（2009）通过研究发现风险资本能够改变董事会的结构特征，认为在有风险资本参与的公司中，董事会独立性更强，而这会对企业发展产生重大影响。陈艳红和程桂花（2009）从理论上分析了风险资本参与治理的方式，指出风险资本对企业进行投资后，会积极参与企业在战略、财务等各方面的决策，并对公司治理发挥主导作用；风险资本参与治理和监督的董事身份会延续到企业上市之后，对上市公司抑制风险、维护股价稳定和促进可持续发展产生积极作用。Li 和 Frye（2009）的研究表明，

风险资本的进入、参与和最终的退出都对公司的治理结构产生影响。风险资本投资机构对被投资公司发挥监督作用，其监督作用在上市后依然存在但较上市前略弱；风险资本的质量越高，越愿意通过股权激励等薪酬制度加强对被投资企业的监督。Krishnan 等人（2011）的研究发现，高水平的风投机构能为被投资企业上市后的经营、决策等各项活动提供管理和支持，当风投机构持有被投资企业股份或者有人员在企业董事会中时，治理效果更好。王兰芳（2011）分析了 2006—2010 年在我国境内成功 IPO 企业的董事会特征，发现风险资本会抑制企业管理层权力，这一作用主要因为风险资本进入企业会增加非独立董事和扩大董事会规模，进而影响董事会结构。袁蓉丽等人（2014）以 2011 年之前 6 年的深圳中小板的 IPO 公司为初始样本，采用倾向得分匹配法从风投持股比例、风投机构声誉等角度，研究风投机构对董事会结构，包括董事会规模和独立董事的影响，得出了风投持股比例和 IPO 公司董事会规模显著正相关但与董事会独立性的关系不显著，以及风投机构的质量越高，IPO 公司董事会规模就越大，但是并不显著提高董事会独立性的结论。李蒙和李秉祥（2017）以 2015 年之前有风险资本参与的创业板上市公司为样本，运用实证分析方法研究风险资本持股比例、股权集中度与企业成长性的关系。结果表明，风险资本在创业企业的持股比例与企业成长性呈倒 U 形关系，当风险资本持股大于 33.72% 时，持股比例越大，创业板上市公司的成长越慢。然而，也有少数研究表明风险资本对企业治理结构的影响甚微。例如，刘国丰（2009）研究了风险资本机构对企业公司治理水平的影响，但并未发现风险资本进入企业会对公司治理水平产生显著影响，风险资本发挥作用的力度有限。靳明和王娟（2010）以中小板 272 家上市公司为研究对象，区分有风险资本参与的实验组企业和无风险资本参与的对照组企业，并对比公司治理结构的各项指标后发现风险资本的介入会对企业股权结构产生显著影响，但对董事长总经理两职合一、独立董事比例等其他公司治理指标的影响并不大。

在经理层激励机制设计方面，Hellmann 和 Puri（2002）以硅谷高新技术企业为样本，发现在对经理实施股票期权的 170 家企业中，有风险资本投资背景的是没有风险资本投资背景的 2 倍。王会娟和张然（2012）以 2006—2010 年沪深两市 IPO 的 A 股公司为研究对象，分析私募股权投资（包括风险资本）对企业高管薪酬契约的影响，研究结果表明风险资本的参与提高了管理层薪酬业绩敏感性，进而改善公司治理结构和水平。沈维涛和胡刘芬（2014）发现在联合风险资本投资的企业董事会中专业董事占比越多，高管薪酬对业绩的敏感性越高。赵玮和温军（2015）的实证结果表明，风险资本介入后，被投资企业更愿意以股权薪酬代替货币薪酬，从而降低股东与管理层之间的代理成本，提升公司治理水平。王秀军等人（2016）发现有风险资本介入的企业显然比其他企业具有更高的管理层激励，且主要是薪酬激励和股权激励。此外，他们还发现了风险资本对高管货币薪酬的替代效应、对高管股权薪酬的促进效应以及控股股东两权分离度对两种效应产生的影响。

第三节　公司治理对企业技术创新的影响

由于创新过程的长期性和不确定性，创新型企业中的代理问题会更加严重。因此，如何通过协调不同利益相关者的目标动机、加强团队内外的有效沟通、规避机会主义行为和道德风险来降低监督成本，是提高企业的创新绩效、提升股东价值的关键。现有文献大多从所有权制度安排、董事会结构与运行特征、经理层激励制度设计等方面展开研究。

一、所有权制度安排对企业技术创新的影响

现有研究普遍表明，企业所有权性质及其结构根本上决定了企业资源配置方式和治理结构等一系列重要制度安排，深刻影响着企业的创新行为与创新绩效。随着市场经济的发展，我国逐渐形成了多种所有制并存的局面。要研究股权结构对公司技术创新的影响，研究者必须充分考虑公司的所有权性质。已有文献普遍表明：国有股权比例、政治关联程度等会对创新产生负面影响。这是因为，一方面，国有企业由于其实际所有者长期缺位，代理问题严重，国有企业经理人处在一个非完全竞争的市场中，管理层任命具有浓重行政化色彩，因而企业创新动力不足，创新效率不高。另一方面，国有企业承担了政府过多的政策性负担，而政府对增加财政收入、扩大就业率等短期利益的追逐导致了国有企业没有积极性去投资高风险、见效慢的创新项目；而非国有性质的所有权则有助于企业更加积极开展创新活动。此外，有研究表明家族涉入对研发投资会产生一定的负面影响。但也有研究表明不同情景和制度背景下，家族控制对技术创新产生的影响有所不同。比如，朱沆等人（2016）发现，当面临危机或外在制度环境得到改善时，家族会权衡社会情感财富和未来长远发展，加大研发投入。

股权集中度衡量了股东对于企业的所有权集中或分散的程度，反映了企业的稳定性以及表决权的分散程度。许多研究表明，在较为分散的股权结构下，由于交易成本的差异和信息不对称，股东难以正确评估和监督经理人的业绩和行为，加之经理人本身的风险规

避特点，创新活动往往很难持续开展，从而影响创新活动的实施。同时，经理人不合适的战略决定难以被阻止，还可能产生经理人的机会主义行为和道德风险。Sauerwald 和 Peng（2013）研究表明股权集中有可能产生大股东的掏空行为，产生更严重的双重代理问题，降低大股东的风险承担意愿，从而减少企业创新。李伟等人（2018）从产业分析的视角展开研究，也得出类似的结论。张玉娟和汤湘希（2018）对企业性质加以区分后进行研究，结果表明股权集中度对企业创新的抑制作用在民营企业中更为显著，股权制衡度对企业创新的促进作用在国有企业中更为显著。同时，也有研究表明分散的股权结构给经理人提供了更多的工作弹性和灵活性并促进了专业化，从而有利于创新活动的开展。此外，冯根福和温军（2008）、杨建君等人（2015）的研究表明，股权集中度与企业创新呈倒 U 型关系，适度的股权集中有助于提升企业的创新绩效。

二、董事会结构与运行特征对企业技术创新的影响

国内外学者曾就董事会的制度或董事会特征展开研究，分析如何构建良好的董事会制度以提高企业创新能力。董事会特征与权力安排等因素主要涉及董事会规模、独立性、领导权结构、技术能力特征等方面。

刘小元等人（2012）研究指出规模较大的董事会能够有效提高企业在技术创新方面的投入，促进技术创新。Chen（2013）的研究认为，提高企业董事会的独立性能够促进企业创新方面的投入。Sena 等人（2018）检验了独立董事会对公司腐败造成负面效应的影响，研究发现独立董事会倾向于在研发上投入更多，注册更多有价值的专利，且独立董事可以减轻腐败对创新的负面影响 21。但是周杰和薛有志（2008）以我国企业为样本进行实证研究，结果显示董事会规模对企业技术创新并没有显著影响。肖利平（2016）的研究表明独立董事在董事会中的比例以及董事长与总经理的兼任情况和企业创新投资没有显著的相关性。谢永珍等人（2018）利用中国上市公司数据进行实证分析也得出独立董事的规模不能促进企业技术创新的结论。Markham 和 Lee（2013）认为，董事会应设立专门的创新委员会，这一设立有助于创新的前端活动和正式开发活动的顺利开展。胡元木和纪端（2017）发现技术专家型董事对企业绩效有显著正向影响，创新效率在两者关系中起到部分中介作用，且该作用兼具时滞效应与当期效应。许永斌和万源星（2019）研究发现，在研发投入阶段，技术独立董事促进资本投入，有助于企业持续创新。

三、经理层激励制度设计对企业技术创新的影响

研究表明，管理层风险偏好和创新支持是影响企业创新的关键主体。但是，由于创新活动具有较高的不确定性，企业想促进创新必须加强对管理层的激励，包括薪酬激励、股权激励等方式，从而促使管理层充分利用自身的经营管理技能和专业知识，更有动力进行创新投入。

现有研究一般认为薪酬激励特别是货币激励是一种短期激励，可能造成经理人短视，而鉴于创新过程具有长期性和不确定性，这一般不利于激发长期的创新行为。Fong（2010）以美国 1991—1997 年上市公司 CEO 的薪酬水平为变量进行了研究，发现当管理层对企业的控制权较高时，若 CEO 薪酬低于劳动力市场平均薪酬，则易导致管理层代理问题严重，创新的动机不高，甚至可能削减研发支出，选择回报期较短的投资项目。Burroughs 等人（2011）研究发现单纯的外部奖励实际破坏了创造过程。然而许多学者的研究却发现薪酬激励能够在一定程度上促进创新。李春涛和宋敏（2010）的实证研究发现货币薪酬可以减轻代理问题和 CEO 风险厌恶，激励企业增加研发投入。卢锐（2014）研究了企业创新投资与高管薪酬业绩敏感性之间的关系，发现高管事前的高水平薪酬能促进创新投资并在事后约束高管的机会主义行为。赵奇锋和王永中（2019）考察了企业内部管理层与普通员工间的薪酬差距对技术创新的影响，研究表明薪酬差距扩大对企业技术创新具有正向促进效应，提高了发明家创新效率和参与意愿。

以往的相关研究表明宽容度较高、能够容忍早期失败并奖励长期成功的激励机制往往更有利于企业创新。Kachelmeier 和 Williamson（2010）经过研究发现，基于绩效的薪酬契约对员工的生产效率有促进作用，进而会对员工的创新绩效产生影响。而股权激励正是一种基于绩效并且奖励长期回报的激励形式。以往研究普遍认可股权激励将企业部分所有权与管理层共享，使管理人员个人报酬与企业绩效挂钩，管理层为了实现期望效用最大化，实现更高的收益，会更愿意与企业共担创新投资的风险，这种股权激励的方式缓解了股东与管理层之间的代理冲突，对管理者的非效率投资具有抑制作用。尽管股权激励已经被多数学者证明能有效缓解创新投资过程中的代理问题，但也有部分文献的研究结论与此是互相矛盾的。许多研究证实了股权激励在创新投资中的正向作用。翟胜宝和陈紫薇（2016）的研究表明对管理人员实施股权激励政策有助于促进企业进行研发投资、开展更多的创新活动，并且严格的激励型股权激励对创新的促进作用更明显。徐宁等人（2019）利用我国中小上市公司的数据进行分析，研究表明股权激励能够有效促进企业提高创新投入和产出水平。也有许多文献表明股权激励与企业创新投资并非简单的线性关系，而是呈

现倒 U 型关系。例如，王文华等人（2014）的研究表明，当管理层股权激励程度较低时，企业提供股权激励与创新投入显著正相关，此时主要发挥利益趋同效应；而当股权激励程度过高时，增加股权激励不再起作用甚至会减少创新投资，此时壕沟效应更显著。徐长生等人（2018）认为，股权激励在我国仍是一种福利机制，激励效应体现不明显，股权激励在促进企业技术创新方面的作用较小。

除了薪酬激励与股权激励等物质激励，非物质激励对于企业创新活动也起到了一定的作用。Zhou 和 Li（2012）认为，组织层面创造力主要受组织创新动机、支持创造的管理者行为以及投入的资源决定，组织中的管理者行为对员工创造性活动造成重要影响，并且知识整合机制（即市场获取知识和内部知识共享）也会显著影响员工创新能力。Chen 等人（2012）认为，激励对于创造性活动的有效性有显著影响，通过对团体协作进行激励比对单个人进行激励更能有效促进企业创新。张兆国等人（2014）研究发现管理者的既有任期与研发投资呈倒 U 型关系，管理者预期任期与研发投资正相关，对高管的晋升激励在既有任期与研发投资的关系中起正向调节作用。白贵玉等人（2016）的研究发现对知识型员工的非物质激励与创新绩效和创新活动显著正相关，比如，对知识型员工的情感激励、环境激励等。李云梅和徐惠（2018）认为，团队信任加强了由新生代员工构成的知识共享创新团队间的纽带，在非物质激励和创新绩效中起到中介作用。

第四节　要素密集度行业差异性相关研究

一、有关要素密集度行业差异性的研究

许多研究表明企业间存在的异质性对企业的发展十分重要，特别是在要素密集度方面的差异。要素密集度的含义出自要素禀赋理论，大多被用于研究产业领域或地区间贸易等宏观和中观领域的经济问题。近年来，也有部分学者从要素密集度的视角针对微观企业问题展开探讨。Crozet 和 Trionfetti（2013）考虑了微观企业间要素密集度差异，理论分析和实证研究的结果表明这种差异能够为企业带来比较优势，并有助于企业形成长期的竞争力，促进企业绩效的提升。吴敏和黄玖立（2014）利用我国制造业的样本进行研究，得出了类似的结论，认为相对要素密集度能够有效提高企业的销售额。

一些研究采用微观企业数据探讨了不同要素密集型行业中企业内外部有关政策的影响差异。李善民和叶会（2007）立足于产业要素密集度视角，从理论和实证的角度分析了不同产业中股权结构对企业绩效的影响，研究表明该影响可能是状态依存的，即不同产业中股权结构对财务绩效和市场绩效的影响存在差异。鲁桐和党印（2014）从行业差异性的视角，对比分析了各行业中公司治理对技术创新的影响，结果表明不同行业中该影响既有统一性又有差异性。黄先海等人（2018）对不同要素密集型行业进行区分，认为出口对创新和加成率的影响仅体现在资本密集型行业中。肖忠意和林琳（2019）在分析企业金融化、生命周期和创新的关系时，同样考虑了行业的要素密集度差异。

二、要素密集度行业差异对企业技术创新的影响研究

随着研究的不断发展和深入，许多学者已经关注到不同行业间技术创新的差异性。企业所处行业的特征不同，对新技术的依赖程度必然不同，技术创新就会不一致。Arrow（1962）在研究中指出，相比市场竞争较弱的垄断行业，竞争性较强的行业中企业的创新激励程度更高。Frenkel 等人（2001）的研究表明，处于高科技行业的企业在技术创新方面的需求更强、投入力度更高。陆国庆（2005）同样从产业集中度的角度展开分析，研究结果表明我国大中型工业企业的技术创新与所处行业的竞争程度之间存在非线性关系。

由于不同行业间在技术创新方面存在差异，部分文献在围绕技术创新展开分析和研究时，对所选样本的行业进行了区分。例如，王俊（2011）在分析研发补助对创新效率的影响时，按照行业创新投入的强度将样本进行划分，认为对具有不同行业性质的企业应采取不一样的补助形式。解维敏等人（2009）在探讨类似话题时，将行业按照是否为高技术行业进行了划分。严苏艳（2019）对共有股东和技术创新之间的关系进行了研究，研究表明两者的正向关系在高新技术行业更为突出。

第五节　研究总结

综上所述，现有文献围绕风险资本、公司治理和企业技术创新两两之间的关系展开了大量的理论研究和实证分析。其中，关于风险资本影响企业技术创新的研究主要围绕风险资本与企业技术创新之间的关系以及不同特征的风险资本对企业技术创新的影响差异这

两个方面展开；关于风险资本影响企业公司治理的研究主要围绕风险资本影响企业公司治理的动因以及对治理结构安排和经理层激励机制设计等方面展开；关于公司治理影响企业技术创新的研究主要从所有权制度安排、董事会结构与运行特征和经理层激励制度设计等方面展开。上述文献为本书研究行业差异性视角下风险资本对企业技术创新的影响，以及公司治理是否为有效的内在影响机理提供了较好的研究基础及理论借鉴。然而，虽然已有文献对企业创新的影响因素进行了大量的理论分析和实证检验，并取得了较为丰富的研究成果，但是仍然有以下不足和尚需进一步研究之处。

（1）从结果来看，现有文献在风险资本与企业技术创新的关系上未形成一致的研究结论。不同行业间存在的异质性对企业的发展和决策会产生重要的影响，特别是在要素密集度方面的差异。而以往文献在对风险资本能否发挥创新促进效用进行研究时大多基于所有行业或是某些特殊行业，本书认为其中一个很重要的原因是忽视了不同行业间风险资本作用的差异性。（2）在研究风险资本与企业技术创新的关系时，以往的研究大多将企业研发投入和专利产出视为技术创新活动的不同阶段的表现，忽视了不同行业中企业对技术创新投入和产出的依赖性差异。并且，许多文献也没有对创新产出加以区分，但已有研究证明突破式创新与渐进式创新之间在预期收益获取时长、风险承担大小等方面均存在显著差异（McGrath，2001；韩晨等，2018），故将两者混为一谈显然失之偏颇。（3）虽然现有文献从增值服务以及监督控制等视角对风险资本支持企业技术创新的作用途径进行了一定的探析，但绝大多数停留在理论分析阶段，实证研究较少，且并未形成体系。特别是公司治理作为缓解风险资本与被投资企业间代理问题的重要手段，在不同行业中，我国风险资本是否能通过改善公司治理促进技术创新缺乏经验证据的支撑。（4）现有文献无论是分析风险资本对公司治理的影响还是探讨公司治理对企业技术创新的影响，通常都仅从某一个角度展开研究。例如，许多文献仅仅关注董事会结构安排或管理层激励措施。然而，公司治理的内涵范畴并不仅如此。根据相关研究，公司治理涉及股权治理、董事会治理、监事会治理以及管理层激励和信息披露的相关制度设计，不仅包含治理结构的安排也包含相应的治理机制设计，而以往研究则大多缺乏对公司治理综合水平的考察。因此，本书借鉴以往文献选择适当的评价指标分别评价企业的股权治理情况、董事会治理情况、监事会治理情况以及管理层激励情况和信息披露情况，并利用合理的技术方法构建公司治理评价指标体系，计算公司治理指数。

第六章

公司外部治理

第一节　证券市场对公司治理的影响

市场是商品交换的场所及交换关系的总和。证券市场，顾名思义，是证券产品交换的场所及交换关系的总和。证券产品包括股票、债券、基金等，本节仅关注股票市场及其对公司治理的影响。

一、证券市场

证券市场伴随着现代公司的产生而产生，是通过公司资产的证券化，实现资产所有权的上市交易。通过这样的交易，公司获得社会资金，投资者则依据购买公司资产份额的多少，获得未来公司收益的分配权。证券市场是完整的市场经济体系的重要组成部门，是反映宏观经济和行业经济运行状况以及上市公司经营状况的晴雨表，对整个经济运行具有重要影响。

（一）证券市场的分类

按照交易对象的不同，证券市场可分为以下两类。

1. 证券发行市场

证券发行市场是上市公司（也叫发行人）将公司证券交易给投资者所形成的市场。它不是指一个具体的证券发行交易的场所，而是指这种发行交易活动所形成的市场关系。比如，公司在上市过程中，按照一定的法律规定和发行程序，向投资者发行股票，实现首次公开发行（IPO），这样一个市场就是证券发行市场。

2. 证券交易市场

公司证券由公司交易给投资者后，随即便可进入证券交易市场进行交易。不同的投资者可根据对未来收益的预期和变现需求等对其进行买卖，这样一种买卖所形成的市场关系就是证券交易市场。比如，上市公司的股票进入证券交易市场后，即可进行流通，可由不同投资者之间不断进行买卖，我们常称这种行为为"炒股"。

在证券交易市场，证券持有者会选择合适时机出售证券，从而产生供给。新的投资者会选择合适时机进行投资，从而产生需求，证券价格则随着市场供给和需求的变化而变化。

（二）证券市场的构成

证券市场的构成要素主要包括证券市场主体、证券市场产品和证券交易场所等三个方面。

1. 证券市场主体

（1）证券发行人

证券发行人是指证券的卖方，如，政府发行债券、公司发行股票等，政府和公司就是证券发行人。证券发行人是证券发行的主体，如果没有证券发行人，证券发行及其后的证券交易就无从展开，证券市场也就不可能存在。

证券发行可以由发行人直接办理，称为自办发行或直接发行。如，美国著名互联网公司 Google 公司上市采用的方式就是直接发行。直接发行的好处是可以提高发行人知名度，发行手续在发行者与投资者之间直接进行，减少了中间环节。

证券发行也可以由证券发行人委托专业机构办理，这种专业机构在国外叫投资银行，在国内叫证券公司。这种委托专业机构发行证券的方式叫作承销或间接发行，大多数拟上市公司都采用间接发行，其好处是证券公司熟悉上市流程，专业性强、信誉良好，同时可以节约发行时间。

（2）证券投资者

证券投资者也就是证券的买方，是证券市场的资金供给者。在证券市场上，按照买方的属性划分，可分为机构投资者和个人投资者两大类。

机构投资者是指以法人单位为主体的投资者，主要包括企业、商业银行、投资基金、养老基金、保险基金等。机构投资者是专业的投资机构，有能力对证券市场进行深入、专业的分析，一般追求高额回报，所以投资数额巨大，并且可以通过多元化投资分散投资风险，因此，机构投资者在证券市场上具有很强的示范引领作用。

个人投资者是指从事证券投资的居民，国内常称为股民，从数量上说，他们是证券市场最广泛的投资者，投资的资金量相对较小，收集和分析信息的精力有限，投资证券的主要目的是谋求自有资本的保值和增值。由于社会公众的广泛性，个人投资者的集合总额也是比较可观的。

（3）证券市场中介机构

证券的发行和交易除了买卖双方，还离不开各类中介机构提供咨询和服务，因此中介机构成了连接证券投资人与筹资人的桥梁。比如，证券的发行需要通过证券公司进行证券定价、寻找投资者、完成上市审批流程等，这是证券公司的主营业务。此外，对证券公司来说，最重要的就是公司声誉，声誉好的证券公司更容易承接更多的发行业务，因此证券公司还会有研究咨询业务，通过发表专业的研究咨询报告提升自身声誉。

其他证券中介机构，主要包括会计师事务所，提供外部审计和内部审计业务；律师事务所，提供各类法律咨询业务；财务顾问机构、投资咨询公司，提供专业的投资理财咨询和顾问服务以及资产评估机构、证券信用评级机构等。

各类中介机构是依托于证券市场而产生的，在证券市场运行中发挥着重要作用，通过它们的经营服务活动，保证了各种证券的发行和交易，加强了证券发行人和投资者之间的联系，维护了证券市场秩序。

（4）自律性组织

自律性组织是各类证券市场主体为维护证券市场秩序而形成的自我监管性质的组织，主要包括证券交易所、证券行业协会、证券登记结算机构等。

证券交易所提供证券交易的场所，如，我国的上海证券交易所和深圳证券交易所。从自律的角度讲，证券交易所负责制定一些证券交易的规则，并对交易行为进行一系列的监管，从一定程度上保证各类交易主体在交易所内遵守交易规则。

证券行业协会的主要职责是协助证券市场监管机构组织会员执行有关法律，为会员提供信息服务，组织培训和开展业务交流，研究证券业的发展。

证券登记结算机构是为证券交易提供集中登记、存管与结算业务的法人。我国的证券登记结算机构为中国证券登记结算有限责任公司。

（5）证券市场监管机构

证券市场监管机构负责制定证券市场运行法规和规章，对证券发行和交易行为进行监督管理。在我国，证券市场监管机构是指中国证券监督管理委员会及其派出机构。

证监会是国务院直属的证券管理监督机构，依法对证券市场进行集中统一的监管，主要职责是负责起草行业性法规，监督有关法律法规的执行，对全国的证券发行、证券交易以及各类中介机构的行为等依法实施全面监管，保护投资者的合法权益，维持公平而有秩序的证券市场。

2. 证券市场产品

证券市场产品主要包括股票、债券、基金等。

股票是股份公司为筹集资金而发行的所有权凭证，每股股票都代表股东对公司拥有一个基本单位的所有权，股东可以凭借这种所有权参加股东大会、投票表决、获得股息等。拥有足够份额的股东还可以成为公司董事，参与公司的战略决策、人事任免等。但股东在获得股息等收益的同时，也要承担公司运营所带来的风险。

债券可分为国债和企业债券两种。企业债券收益虽然高于国债，但投资的安全性比较低。所以人们更加青睐国债，国债是政府发行的，安全性高，所以更能赢得投资者的信任。另外，国债由于投资周期长，存在一定的通货膨胀风险，所以只能作为一个保值品种。

基金是把中小投资人的小规模资金汇集起来，形成规模庞大的资金池，然后运用此资金池来投资证券的方式。基金资产由专业的基金管理公司负责管理，基金经理人将通过多元化的投资组合，降低投资风险，谋求资本长期稳定的增值。投资者按比例分享投资收益与承担投资风险。购买基金主要关注基金管理公司的信誉及其业绩。

3. 证券交易场所

证券交易场所包括场内交易市场和场外交易市场两种形式。场内交易市场是指在证券交易所内进行的证券买卖活动，有明确的交易制度，交易的产品是在交易所上市的证券，这是证券交易场所的主流形式。场外交易市场是买卖双方在证券交易所之外进行的证券买卖活动，它包括柜台交易市场、第三市场、第四市场等形式。

（三）证券市场的功能

证券市场有三个最基本的功能。

1. 融通资金

公司上市的目的之一就是筹集资金，通过发行股票出售公司所有权，获得相应的资金。机构投资者和个人投资者在证券市场进行投资，将手中闲置资金换成公司股票，获得公司分红，通过买卖获得收益。这样一来，证券市场就实现了融资者和投资者的对接，这种融资方式使社会化大生产和公司大规模经营成为可能。

2. 资本定价

在证券市场上，公司资本转换成证券，证券成了一种商品，而证券价格由市场决定。能产生高投资回报的证券，市场的需求就大，其相应的证券价格就高；反之，证券的价格就低，这实质上就是对公司价值进行了定价。

3. 资本配置

这里主要是指社会资本配置。在证券市场上，社会资本进入市场的目的是保值增值，因此会自动地流向能产生高报酬的公司，远离效益差的公司，这样，证券市场就引导社会资本实现了合理配置。

二、证券市场的有效性

证券市场对公司治理的影响，是建立在有效市场理论（Efficient MarketsHypothesis）的基础上的。1970 年，美国芝加哥大学教授尤金·法玛（Eugene F.Fama）提出，如果在一个证券市场中，证券价格完全反映了所有可以获取的信息，那么就称这样的市场为有效市场。

衡量证券市场是否有效有两个标志：一是证券的有关信息能否充分地被披露，是否能被所有投资者获得。二是证券价格是否能自由地根据有关信息而变动。根据这一假设，在一个有效市场中，所有投资者都可以同等地利用信息，这些信息是充分的、有效的。因此，所有投资者的买卖关系形成的股票价格反映了所有已知的信息。

然而，充分有效的资本市场只是理论上的最优状态，现实中很难达到。法玛教授按照投资者所掌握的信息状况，把市场的有效性分为以下三种。

（一）弱式有效市场

弱式有效是指股票价格反映了所有历史价格信息，但不反映当前信息。由于当前的股价变动只有很少部分是受以前的价格因素影响，大部分是受非历史价格因素影响，所以投资者无法利用以前的信息来预测当前的股价变动。

（二）半强式有效市场

半强式有效是指股票价格反映了当前所有公开信息，包括盈利报告、年度报告、财务分析、公开发布的新闻和公告、公开渠道可以获得的行业信息等。在半强式有效市场中，股票价格既反映了过去的信息，也反映了当前公开的信息。根据这一理论，在公司对外发布新信息的当天，如果信息利好，股价可能会有较大的上涨，以此将利好信息反映在股价之中。

（三）强式有效市场

强式有效是指股票价格除了充分反映所有公开信息外，还反映了未公开的内幕信息，所有投资者占有完全相同的信息，没人能通过内幕信息获得超额利润。

有效市场理论意味着在半强式有效市场和强式有效市场中，股票价格反映了所有与公司价值有关的公开信息，这也就意味着股价的高低最终取决于公司的盈利水平、风险状况等，也就是公司的内在投资价值。

在这种情况下，当投资者认为公司经营状况良好、具有投资价值时，就会购买公司股票，股票需求增加，进而股价提高。反之，如果投资者认为公司经营状况不佳、不具有投资价值时，就会不购买甚至抛售公司股票，股票需求减少，进而股价降低。投资者的这种行为被称为"用脚投票"，即通过购买或抛售公司股票来表达对公司经营状况及投资价值的认可与否。

这种作用机制将促使公司董事持续改善公司治理结构，对外释放积极信息，以维护公司股价和自身利益。

第二节　证券市场监管对公司治理的影响

正如任何一种市场都需要保证公平交易一样，证券市场也要杜绝欺诈、内幕交易等行为。要达到这一目的，需要对证券市场进行监管，以制度的形式保证证券市场的合规运行。

上市公司作为证券市场的参与者，是证券市场的监管对象之一，对其监管的主要目的是保证公司的经营信息公开、准确，以此保护投资者利益。这种监管是公司外部治理的机制之一，甚至可以说是最主要的机制。

一、证券市场监管原则

国际证券事务监察委员会（IOSCO）阐述了证券监管的三大目标和三十条原则。三大目标为：保护投资者；确保市场公平、有效和透明；减少系统风险。三十条原则分别从证券监管机构、证券发行人、证券市场中介等八个方面对监管提出了原则性要求。这些监管原则可以概括为以下四点。

（一）依法监管

依法监管有两层含义：一个是立法层面，要制定一系列证券市场监管的法律、法规、制度，要求完善具体，操作性、针对性强；另一个是执法层面，要求执法要严格有力，确保违法必究、执法必严。

IOSCO 提出：监管机构应掌握足够的权力、适当的资源和能力来履行立法和执法职责，应具备全面的巡视、调查和监督的权力，应具备全面执法的权力。

（二）保护投资者利益

投资者是基于对证券市场公开、有效和透明的假设进入市场开展投资行为的，一旦这种对市场的信心被打破，投资者的合法利益受到损害，将给证券市场带来损害。这里的核心问题是信息的公开问题。投资者对自身投资失误带来的损失能够接受和理解。但如果是由于市场上存在欺诈、操纵、内幕交易等行为而使自身利益受到损害，则是不能理解和接受的。

因此，监管者必须尽力消除证券市场上的欺诈、操纵等问题，保证投资者利益免受侵害。IOSCO 提出，监管应要求上市公司对投资者披露全部、及时和正确的财务状况及其他信息，以供其做投资决定。

（三）公开、公平、公正

公开原则是指关于上市公司的相关信息、证券市场的相关信息要向所有市场参与方公开披露，确保没有参与方能够利用未批披露的信息进行内幕交易。

公平原则是指要保证所有市场参与方拥有同等的交易机会、竞争机会，不对任何一方采取歧视性待遇。

公正原则是指证券监管者要对所有市场参与方一视同仁，特别是在采取执法监管过程中，要站在中立的立场上，确保公正执法、公正仲裁。

（四）监管与自律相结合

证券市场监管机构一方面必须注重完善政府监管体系，形成完整的监管制度；另一方面必须注重发挥自律组织作用，由此出发建立完整的证券市场监督管理体系。IOSCO 提出，监管体制应根据市场规模和复杂程度，适当发挥自律组织对各自领域进行直接监管的职责。

二、证券市场监管模式

目前，证券市场的监管模式主要有以下三种：一是政府集中管理型，即由政府依据法律法规对证券市场加以全面监管，其代表是美国；二是自律性管理型，主要由证券交易所及证券交易商协会等机构管理证券市场，政府较少直接干预，其代表是英国；三是中间性管理型，它既强调政府管理，又注重自律性管理，其代表是德国。

（一）政府集中管理型

1. 含义

这种模式下，国家设置有专门的证券市场监管机构，在全国形成统一的监管体系，通过立法和执法，积极参与和干预证券市场的活动，行使全面的市场监管职责。除美国外，日本、韩国、新加坡等国家和港澳台地区也基本采用这种模式。我国的证券市场监管也采用这种模式。

以美国为例，其国家监管机构美国证券交易委员会（the U.S.SecuritiesandExchange Commission，SEC），于 1934 年根据美国证券交易法设立，是直属美国联邦的证券行业最高监管机构，不隶属总统、国会、最高法院或任何一个行政部门，独立行使对证券市场的全面监管职权，以确保其中立性，总部设在华盛顿特区。

SEC 管理和控制着纽约证券交易所等联邦级证券交易所。通过对这些交易所交易行为的监管，保护着投资者的利益，维护着交易市场秩序。SEC 对证券市场的监管实行严刑峻法，一旦市场参与者被认为有欺诈、内幕交易等行为，将面临严厉惩罚。

2. 优点

政府集中管理模式的优点主要体现在以下三个方面。

一是实行全国统一的法律法规标准。证券市场监管机构负责制定并实行相关法律法规，促使证券行为有法可依，提高了证券市场监管的权威性。

二是证券市场监管机构能够宏观把握市场运行情况。当市场出现问题时，能够作为协调方和监管方协调各方立场，采取综合措施，确保市场平稳运行。

三是能够确保监管的中立和公平。证券市场监管机构对其自身有一系列工作监督机制，以防止监管方利用职权获取不当利益，以此保证监管的中立、公平和权威。

3. 缺点

政府集中管理模式在实际执行中也存在一些弊端，例如：

一是监管机构可能反应相对滞后。由于市场监管机构不直接参与市场交易，因此，对多变的市场行情可能缺乏第一时间的反应，并且市场被监管方可能采取一些防范措施逃避监管，因此，监管机构在发现问题和处理问题上不够及时。

二是监管机构可能利用职权徇私舞弊。由于监管权力相对集中，对监管机构的制约机制可能存在漏洞，监管机构中的组织和个人很可能利用这种漏洞，从事违法违规行为，以套取私利。

（二）自律性管理型

1. 含义

自律性管理型，是指政府不设立专门的监管机构，而是将监管职责赋予各相关部门的职责之中，同时充分发挥非政府机构和证券业自律组织的监管作用。这种监管模式从体质上来说相对松散，不同层级之间，不同地区之间都可能有各自的监管体系。自律型监管模式的典型代表是英国。原英联邦国家以及挪威、瑞典等国家也属于自律型监管模式。

以英国为例，英国证券市场的自我监管机构主要由英国证券交易所、金融服务局、收购与合并委员会、证券业理事会等机构组成。具体来讲，英国证券交易所是证券市场的行政主管机关，主要职责有审核上市公司的上市说明书和监管上市公司公开信息等；金融服务局的职能主要是在金融市场建立集中、统一、高效的自我监管体制，成立金融服务局其实是向政府集中管理改进的一种尝试；收购与合并委员会是一个研究性机构，制定有专门用于公司并购的一系列条款，这些条款对公司也有约束作用；证券业理事会是为协调各类证券管理机构工作而成立的一个自律性组织，由十多个专业协会代表组成。

在立法方面，英国没有专门的《证券法》，其证券立法散见于各种法律之中，如1948年《公司法》中的公开说明条款、1958年《防止欺诈投资法》中的防止欺诈条款以及 1973 年《公平交易法》、1986 年《金融服务法》中的规定等。

2. 优点

自律性监管模式，其优点主要表现在以下两方面。

一是监管人员通常是一线研究人员或市场参与者，对证券市场的信息和动向研究深入、十分敏感，因此其制定的监管措施实用、具体，并且针对突发情况能够迅速反应，采取有效措施。

二是将证券监管职责赋予不同政府机构和自律性组织，能够分散监管权，防止权力过于集中而导致的徇私舞弊行为。

3. 缺点

自律性监管模式的缺点也主要表现在以下两方面。

一是监管职权相对分散，无论在组织结构上还是地域上都缺乏集中统一的监管体制，这样对内缺乏集中统一监管，对外影响国际交流与合作。

二是监管机构与监管人员与被监管组织和人员存在利益关系，可能利用职权徇私舞弊，无法做到绝对中立，因此，可能会损害投资者利益和扰乱市场正常秩序。

（三）中间性管理型

中间性管理型又称为综合性管理型，是指既注重自律监管，又强调政府监管，德国是这一模式的典型代表。

以德国为例，政府监管方面，对证券市场的监管机构较多，立法也较多。自律监管方面，德国股票交易政府专家委员会制定了《自愿行为准则》，该准则对各种违法交易行为有明确的禁止性规定，这些规定得到所有工商协会的认可，具有较强的约束力。

采取中间性监管模式，行政监管与自律监管并重，可以较好地结合二者的优点，弥补一些不足。但是在实践中，比较难以把握行政监管与自律监管实施的程度，在大多数情况下总是一种监管力量为主，另一种为辅。

总之，尽管不同的监管模式之间存在着很大的差异，但各国都已经充分认识到了加强证券市场监管的必要性，并且随着国际合作的进行，不同监管模式之间也在发生相互影响与作用。

三、证券市场监管内容

对证券市场的监管就是防止证券市场出现违法违规行为，其中，涉及公司层面的违法违规行为主要包括以下三个方面。

（一）内幕交易

内幕交易指的是掌握公司内幕信息的人员利用这些信息买卖证券，或者向他人提供信息买卖证券的行为，其目的是获取利益或者减少损失。掌握内幕消息的人员或者在上市公司中担任董事、监事、高级管理人员，或者处在管理岗位、监督岗位，或者作为雇员、专业顾问。

内幕交易违反了证券市场的公平原则，即要求证券市场上的各种信息向市场参与者公开披露、任何市场参与者不得利用内幕信息从事市场活动，否则就会损害广大投资者利益。

（二）操纵市场

操纵市场是一种影响比较大的造假行为，其手段是制造虚假信息，引导投资者做出错误判断，欺骗市场，其目的是利用投资者对市场的错误判断，从中牟取不当利益。

比如，某投资者利用自有资金或集中他人资金，大量买入某只股票，造成股票价格上涨，同时利用舆论为该只股票造势，影响和干扰其他投资者的判断，引导其他投资者也买入该股票，待股票价格上涨到一定程度时，该投资者抛售离场，其他投资者则被套牢。此外，通过散布谣言、利用职权等方式压低或抬高股价的行为，也是操纵市场。

（三）虚假陈述

虚假陈述指行为人主观故意地对证券发行、交易及其相关活动做出虚假或者有重大遗漏的陈述或者报道，其目的是误导投资者，致使他们在不了解事实真相的情况下，做出证券投资决定的行为。

例如，发行人、证券经营机构在招股说明书、上市公告书、公司报告及其他文件中做出虚假陈述；律师事务所、会计师事务所、资产评估机构等中介机构在其出具的法律意见书、审计报告、资产评估报告及参与制作的其他文件中做出的虚假陈述；证券交易所、证券业协会或者其他证券从业自律性组织做出对证券市场产生影响的虚假陈述；发行人、证券交易所机构、中介服务机构、证券业自律组织在向证券监管部门提交的各种文件、报告和说明中做出虚假陈述。

除了上述违规行为之外，证券监管还要密切注意经济走势和市场变化，尤其要防止证券市场发生系统性风险，维护证券市场稳定，也就是承担救市职责。

四、证券市场监管手段

为制止上述违规行为和系统性风险，需要采取多种手段对其进行监管，以增强投资者信心，保护投资者利益。目前的监管手段主要有以下三种。

（一）法律手段

法律手段指通过制定一系列的证券法规，来管理证券市场，其中，比较典型的是证券发行审核制度和信息披露制度。

审核制度要求发行人在发行证券之前，必须按照法律规定提供证券发行以及相关的一切信息，并要求所提供的信息真实、可靠。信息披露制度要求公司信息完全、准确、及时地公开，以利于投资者了解发行人的经营状况，以此规范发行人企业运作和管理机制。

（二）经济手段

这一手段是指当证券市场出现大幅波动时，为维护市场稳定，政府机构通过调整利率政策、公开市场业务、税收政策等经济手段，对证券市场进行干预。

（三）行政手段

这一手段是指政府通过制定政策、计划等对证券市场进行行政性的干预。

行政手段一方面直接作用于证券市场；另一方面也能展示行政机构维护证券市场稳定的决心。

第三节　中介机构对公司治理的影响

中介机构介于政府机构和公司之间，在市场中起着连接政府与公司的作用，包括证券承销商、外部审计机构、证券评估机构、律师事务所等。一方面，中介机构是公司经营决策的参谋咨询机构；另一方面，又接受政府机构的指导，严格遵循相关法律法规，履行对公司的部分监管和指导职责。

一、外部审计机构

外部审计（outsid eaudit）是指由国家审计机构或者会计师事务所接受委托所进行的审计，是对公司内部财务信息和经营状况的一个重要而系统的检查。它通过对会计报表是否存在重大错报发表审计意见，对公司管理层是否有效履行职责进行有效评估，从而为投资者做出投资决策、为公司利益相关者维护自身利益提供参考。

外部审计通常由国家审计机关或社会审计机构实施。国家审计机关如审计署，各省、市（自治区）、县设立的审计机关。社会审计机构主要指会计师事务所，是由个人或社会单位组织成立的法人单位，专门从事公司外部审计工作。国际上比较著名的会计师事务所，如，普华永道（PwC）、德勤（DTT）、毕马威（KPMG）、安永（EY）等，都是主营公司外部审计的社会审计机构。

（一）外部审计与内部审计的关系

外部审计和内部审计都是审计监督体系的组成部门，两者的总体目标是一致的，都是对被审计公司的财务活动等进行审计监督。内部审计由公司自身组织实施，是公司内部控制的一个重要方面，具有预防性、经常性和针对性，同时也能为外部审计提供一定的基础和依据。

外部审计是按照公司法规定组织开展的第三方审计，相对客观独立，是公司所有者、管理层、投资者等了解公司财务状况和运营状况的重要依据，从而对内部审计又能起到支持和指导作用。

外部审计和内部审计的联系主要有以下两点。

1. 外部审计可以利用内部审计的工作成果

审计署在《关于内部审计工作的规定》中明确指出：内部审计的工作成果，经测评后，可以作为审计机关、社会审计组织等工作的参考依据。

作为外部审计，利用内部审计工作成果，可以提高审计工作效率，降低审计成本，这是必然的。但是如果利用不当，就会严重影响外部审计的工作质量，实际工作中务必谨慎从事。

在利用内部审计工作成果前，要对内部审计的工作计划、工作底稿、审计证据、形成审计结论的依据等工作进行复核，以判断其工作是否可信、工作成果有无质量保证。如果内部审计机构的工作可信，则其工作成果比较可信，可以被利用。否则，必须对其工作成果保持合理的怀疑，对其工作成果部分使用或者不用。

2. 外部审计和内部审计在工作内容和方法上具有相似性

外部审计和内部审计都是对公司财务工作的审计，在审计内容、审计依据、审计方法等方面必然有相似性。而且，通常公司在建立完善公司内部财务制度和审计制度时，都会考虑到外部审计的要求和标准，并将这些融入公司内部审计中，这样在外部审计过程中可以减少相互间的"不兼容"，也导致了外部审计和内部审计的相似性。

3. 外部审计和内部审计的区别

由于外部审计机构和内部审计机构扮演的角色不同，它们在独立性、审计内容、审计作用等方面又有较大的差别，主要有以下几点。

（1）审计独立性不同

外部审计的实施主体是第三方机构，与被审计的公司不存在隶属关系，具有较强的独立性。如果外部审计机构在审计过程中有包庇或瞒报被审计公司的问题，则属于严重违规行为，一旦被发现，不但声誉受损，并且要同被审计公司一起承担责任。内部审计是由公司内部财务部门或审计机构开展的，其在组织、工作、经济方面都受本单位的制约，独立性相对较低。

（2）审计内容和方法不同

外部审计侧重于公司财务方面的审计，主要对各项财务数据、财务报表等进行审计。内部审计包括但不限于财务方面的审计，可能还涉及管理流程、风险管控、治理结构等方面的审计。

在审计方法上，外部审计主要对各种财务报表进行审计，更加侧重审计程序。内部审计的方法比较多样化，可能根据不同情况采取更多的方法，如访谈、问卷调查等。

（3）审计报告作用不同

外部审计的审计报告要向外界公开，对投资者、债权人及社会公众负责。内部审计报告则作为公司内部财务管理和公司经营管理的参考，对外不起鉴证作用，不能向外界公开。

通过以上分析，可以看出内部审计与外部审计各具特色，既不能相互替代，也不能相互排斥，二者既有区别又有联系，因此，应该相互协调、相互补充。

（二）外部审计对公司治理的影响

在外部审计机构保持良好独立性和胜任能力的情况下，公司治理中出现的一些问题，如控股股东利用控股权从公司单方面不当获利等，都难以完全避开外部审计。

作为上市公司治理的一个环节，在外部审计过程中，外部审计机构应就可能把影响公司健康发展的风险因素报告给公司管理层，同时向外界公开审计报告。所以，外部审计是公司治理的重要基石之一，当外部审计有效时，能显著提高公司治理的有效性。引入外部审计机构也一直是监管层及广大投资人希望看到的行业发展方向。

具体来看，外部审计对公司治理的影响主要有以下几方面。

1. 提升信息对称性

财务信息是上市公司信息的重要组成部分，有效的外部审计可以合理保证财务信息的准确性、充分性、对称性，为被代理人、监管方与投资者等提供投资和管理所需的信息。这对中小股东具有重要意义，因为通过外部审计可以敦促公司充分披露相关信息，便于中小股东了解信息并作出正确决策。

2. 有利于内部审计职能的有效行使

根据审计准则的规定，在审计过程中，外部审计机构需要就一些审计信息向内部审计机构获取相关的信息，同时及时向管理层通报审计中发现的重大事项。这些规定明确了外部审计机构与内部审计机构、公司管理层的沟通渠道，侧面推动了内部审计机构切实发挥的作用，强化了其治理职责。

3. 切实发挥监管作用

根据证监会的要求，在实施外部审计的过程中，外部审计机构应向业务所在地证监局及时报送总体审计策略、具体审计计划、审计总结及管理建议书等。在审计过程中如果遇到重大问题，特别是涉及管理层舞弊的，还可以向监管部门报告。这些规定都有利于外部审计机构发挥监管作用，对公司完善监管制度及健康发展都有积极影响。

二、证券评估机构

证券评估机构是指专门为客户提供证券资信评估服务的中介机构，一般为独立的非官方机构，如，美国的穆迪投资服务公司（Moody's Investors Service）和标准普尔公司（Standard & Poor's）等。我国的大部分券商也有资信评估部门。

证券评估一般分为对债券的评估和对股票的评估，本节我们主要分析对股票的评估。

（一）股票评估

股票评估是专业机构根据行业趋势、上市公司公开的信息等，对上市公司股票的盈利与风险、股票的涨跌前景等情况，作出的评价和预测，可以作为投资者调整经营决策的参考性信息和依据。

股票评估机构的权威性，来源于其评估的准确性，其准确性来源于对行业信息、上市公司信息的系统掌握以及科学的分析方法。但是，股票评估只是专业人员对股票盈利能力、发展前景等有关情况作出的职业评价与预测，并非对股票在未来市场的表现作出的保证，股票投资的风险应由投资者自行承担。

（二）股票评估对公司治理的影响

从公司治理的角度看，股票评估的作用主要体现在以下几方面。

1. 对公司治理提出独立评估

股票评估是建立在对企业内在质量的全面检验和考核之上的，有利于及时发现企业经营管理中的薄弱环节，企业据此针对未来将可能出现的风险做出防范，避免可能带来的经济损失。同时，股票评估会把公司治理情况以权威的声音对外公布，引起投资者和市场各方的注意，也为公司改善经营管理提供了压力和动力。

因此，通过证券评估，能够在整个证券市场上形成一种外部监督机制，监督和引导上市公司合规运营，减少和避免违规行为。

2. 有利于投资者决策

相对于一般投资者来说，随着金融市场的发展，各类有价证券发行日益增多，广大投资者迫切需要了解发行人的信息情况，以优化投资选择，实现投资安全性，取得可靠收益。股票评估可以为投资者提供公正、客观的信息，引导投资者"用手投票"和"用脚投票"，从而起到保护投资者利益的作用。

3. 为商业银行贷款提供依据

商业银行开展贷款业务，首先要对公司的财务现状、盈利能力、公司信用等情况进行评估，以此减少公司未来偿还贷款时的违约风险。包括股票评估在内的证券评估、信用评级等工作，能够为商业银行提供上述内容的评估，有助于商业银行选择借贷对象，更好地开展信贷业务。

第四节　公众与媒体对公司治理的监督

近年来，社会公众与新闻媒体在公司外部治理中的地位日益凸显。国内外一些上市公司的重大违规违法行为的曝光，就是这两种力量参与监督的结果。相对于公司内部监事会和公司外部法律法规的监督，公众和新闻媒体对上市公司的监督更直接，发现问题更及时，成本更低，因此对公司外部治理很重要。

一、公众和媒体对公司进行监督的原因

公众和媒体对公司的监督是一种非正式的外部监督机制，并没有明确的法律法规要求。特别是对新闻媒体来说，对公司进行监督将消耗其资源、增加其成本，在这种情况下，新闻媒体之所以起到监督作用，其原因可归结为以下几点。

（一）受经济利益的驱动

不同新闻媒体之间存在着竞争，各家新闻媒体只有通过提供有价值、独特的新闻，才能获得更大的发行量和广告收入。为此目的，新闻媒体有动力去发现并公开上市公司掩藏的"秘密"，以此换取读者的关注。也就是说，对上市公司进行监督，是新闻媒体生存的手段之一。

（二）媒体监督具有技术优势

在激烈的市场竞争下，各种新闻媒体为了保有和扩大市场，借助新技术，拓展新渠道，将技术变革与内容制造放在同等重要的位置。通过多种移动设备的先进功能，将公众和媒体监督"嫁接"互联网的"基因"，"丰满"自己的"羽翼"，完成监督在新媒体渠道上的拓展与落地。

同时，新闻媒体通过深度采访、独家消息等方式提供有竞争力的新闻。这种市场竞争迫使新闻媒体会对公司进行深入研究，对获得的信息进行深度加工，不断提升信息质量，提供最优质的信息产品。

很多媒体对相关公司都保持着长期的跟踪调查，对公司各个方面都有比较深入的了解，甚至能够在看似简单的表面信息下，找出企业隐藏的深层次问题。

（三）公司治理需要媒体监督

新闻媒体作为一种外在监督力量，也是监督公司管理层保护股东利益的独立第三方，相对于被报道的公司来说，其利益更多依赖于新闻市场的竞争，与上市公司等相关被监督企业并无直接利益关系，报道客观性强、可信度高。

另外，新闻媒体的最大特点是及时，能第一时间发现并公布上市公司的相关问题，有助于投资者第一时间掌握信息并做出合理决策。因此，上市公司希望通过加强媒体的监督，实现公司治理保护股东利益最大化的目标。

二、公众和媒体参与公司治理的机制

公众和媒体有对公司进行监督的动机，还需要有相应的机制能够使其监督真正发挥作用，真正促使公司改善公司治理。这种机制主要有以下两种。

（一）声誉机制

声誉机制是指公司股东、职业经理人在媒体的监督下，为了维护自己和公司的良好社会形象，而改正不合理或违规行为，进而起到保护投资者利益的作用。股东、职业经理人之所以会重视媒体的监督，一方面是出于对自身社会地位、社会荣誉等的重视；另一方面也是出于未来在行业中、职业经理人市场上发展的考虑。

（二）引起行政机构介入机制

行政监管机构负有对上市公司监管的职责，但由于监管手段单一、监管滞后等原因，并不能及时准确地发现公司的违规行为。媒体监督并公开公司的违规行为之后，除了促使公司相关责任方自行改正之外，还将引起行政监管机构的重视和介入。

三、公众和媒体监督对公司治理的作用

公众和媒体通过声誉机制和引导行政介入机制，对公司治理的作用主要体现在以下几方面。

（一）揭露公司治理问题

近年来，多起上市公司违规操作都是由个人和媒体率先披露的。这种监督不仅对被揭露企业起到了警示作用，促进其不断改进公司治理，而且对整个证券市场环境都起到了净化作用。

（二）对公司信息进行解读

一般情况下，广大股民不具备专业水平，对上市公司的各种季报、年报等缺乏解读能力，很难真正了解公司经营状况。媒体则会通过对公司相关信息的精确解读和剖析，对公司经营状况进行客观评价，给广大投资者以决策参考，从而缓解了公司和股东之间信息不对称的情况。

（三）促进法律法规的健全

个人和媒体的监督不仅会促使被报道的公司改进公司经营，促使行政监管机构介入调查，而且会促使行政监管机构反思监管漏洞，出台相应的法律法规，杜绝类似现象再次发生，更好地保护公司利益相关者的利益。

我国媒体在改革开放后得到了快速的发展，总的来说，对公司的治理产生了积极的效应。为进一步强化媒体在公司治理中的外部监督作用，需要对媒体的监督功能进行准确定位，保证其独立性和依法进行报道的权利，为媒体监督提供一个好的外部环境；同时，也应加强媒体自身的规范化建设，提高可信度，杜绝有偿新闻和寻租行为的发生，增强媒体公正性。

第五节　其他外部治理

除了上述介绍的外部治理机制，还有一些机制也在对公司治理发挥着重要作用，如职业经理人市场、产品和生产要素市场、商业银行等，本节便做一个简要的介绍。

一、职业经理人市场与公司治理

（一）职业经理人

职业经理人是指企事业单位中具有良好教育背景、良好工作经历、工作能力强、文化程度高的中高级管理人才，通常是企事业单位的董事、监事、经理、部门经理、管理咨询顾问等。

现代公司治理结构建立在公司所有权与经营权分离的基础之上，这也是产生职业经理人的基础。在这样的公司治理结构中，公司所有者有权制定公司发展战略，决策重大事项，公司经营管理层（也就是职业经理人）负责执行公司所有者的决策。

称职的职业经理人要有良好的职业道德、专业的工作能力，能够充分执行好公司的重大决策，努力实现股东价值的最大化；同时，能够对行业和公司发展具有十分独到深刻的见解，能够在公司战略规划和重大决策中发挥重要的积极作用。

相反，不称职的职业经理人则不能执行好公司指定战略的重大事项，无法在公司战略规划和重大决策中发挥参谋作用，而且可能不具备职业精神，把谋求自身利益最大化放在第一位，这样的结果是对公司治理不利的。

（二）职业经理人市场

正因为职业经理人在公司治理中的重要作用，所以，好的职业经理人是公司治理结构的重要组成部分。公司可以通过职业经理人市场挑选好的职业经理人，并且通过职业经理人市场对其进行激励和约束，以此改进公司治理结构。

职业经理人市场，是指公司对职业经理人进行聘用、职业经理人寻求工作机会所形成的市场关系，是一种新的人力资源配置方式。在这个市场上，职业经理人本身的专业知识和能力是市场交换所需要的商品。

其激励和约束机制是，如果职业经理人在公司经营管理活动中展示出良好的职业道德，能够以股东价值最大化为工作目标；同时展示出专业的工作能力，能够执行好公司董事会制定的各项战略决策，推动公司不断向前发展，职业经理人会得到相应的报酬；同时会具有良好的声誉，这些会提升职业经理人在职业经理人市场的身价。

相反，如果职业经理人在公司经营活动中没有达到公司所有者的期望，甚至有徇私舞弊、牺牲股东利益以满足个人利益等行为，那么其在职业经理人市场就会信誉扫地，甚至被市场无情淘汰，对其未来发展将极为不利。

二、产品和生产要素市场与公司治理

产品市场是指可供人们消费的最终产品和服务的交换场所及其交换关系的总和。生产要素市场是在生产经营活动中，使用的各种经济资源（土地、劳动力、资本、技术和信息等）的交换场所及其交换关系的总和。产品和生产要素市场对公司治理的影响，其本质是市场竞争对公司治理的影响。

关于市场竞争对于公司治理的作用，主要有以下三方面。

（一）信息假说

信息假说认为，市场竞争的过程和结果，能够行使一种自然的和有用的激励机制，这种竞争能够激励公司提高生产效率，降低生产成本，降低产品价格，以此占领市场的份额。因此，通过这种竞争，能够自然地排除低效率，分辨出公司经营活动的好坏。也就是说，在产品和生产要素市场上，总是生产效率高、经营状况良好的企业能够获得更多的生产要素，提供更低价格、更高质量的产品。

通过产品市场和生产要素市场的竞争和比较，能够减少市场参与者的信息不对称，通过市场竞争发现哪些是好公司，哪些是有问题的公司。

（二）清算威胁

在充分的市场竞争中，经营不善的公司容易破产被清算或者被兼并。如果公司被清算或者被收购，意味着公司不能提供有竞争力的产品，这样不但现在的公司无法继续经营下去，而且在未来，公司董事会成员即使想重新注册公司开始新的业务，也难以再获得生产要素市场的认可。这实际上对公司产生一种倒逼机制，通过市场竞争，强迫公司去改善公司治理，提供有竞争力的产品，从而形成对公司治理的外部激励和约束。

（三）信誉激励

对公司以及公司董事会成员来说，公司经营得好，在产品市场上才会有更多的投资者进行投资，公司才会有更好的发展，公司董事会的信誉才会提高，这种信誉激励能够促使公司董事会完善公司治理。

三、商业银行与公司治理

利益相关者理论认为，公司的长期发展除了需要公司董事会和管理层，还需依赖众多利益相关者，如，公司职工、债权人、消费者、所在社区等为其发展提供动力。其中，债权人是公司长期发展所需资本的提供者，是公司重要的利益相关者，应该允许债权人参与公司治理，以降低其投资风险，保障其合法权益。

商业银行是公司的主要债权人，是公司最重要的利益相关者之一。债权人和公司是一种合同关系，公司要在未来一定时期内用自己的资产或劳务偿还对债权人的一切债务，债权人则要承担本息到期无法收回或不能全部收回等违约风险。

在这样一种关系下，商业银行在借款和公司偿还贷款的过程中，都会关注和监督公司的经营状况。在借款之前，商业银行会调查公司的经营状况，如果公司经营状况好，未来偿还贷款就比较有保障，商业银行就愿意给公司贷款，否则不予贷款。贷款后，商业银行和股东一样，有权对公司进行监督，并在非常情况下，如破产清算时，对公司拥有控制权。这样，商业银行对公司治理就形成了一种监督约束机制。

当然，股东是公司之本、是公司的核心利益者，在公司多种利益结构并存的局面中，股东的利益具有最优先性，其对公司治理也持有最大权力。商业银行等债权人虽然对公司治理有一定的监督约束作用，但并不需要、也没有权力对公司经营的各个方面都介入。

第七章

公司外部治理机制

　　本章内容主要是探索活跃于公司外部的经济利益及社会利益相关者在公司治理中的角色和贡献，探索如何调动更广泛的利益主体参与到对公司治理事业的健全完善中，监督各项治理机制最终落地实践，与内部治理结构相互配合，共同推动企业整体治理水平的提高。具体来说，企业外部公司治理机制主要包括：以控制权争夺市场、代理权争夺市场、卖空市场为代表的市场机制治理，无时无刻不在警醒企业股东及其管理层对市场规则保持充分敬畏，规范约束自身言行；以机构投资者、服务机构（含分析师、审计师、咨询公司、信用评级机构等）为典型的市场中介治理，以高度专业的市场分析视角提高其对企业日常经营的监督力度；包括传统媒体和新型社交媒体在内的新闻媒体治理，它们通过更加广泛的信息收集行为显著减少经济主体间的信息不对称，在践行监督职能的同时提高市场整体的运行效率；伴随市场经济发展而加剧的产品市场竞争为检验公司治理效率提供了足够客观的实践场景，如何提高经营效率、通过市场检验成为摆在公司股东和管理层面前的重要课题；以银行为主体的债权人治理，它们作为公司外源资金的重要供给者，有强烈的动机监督约束公司的日常经营决策，在维护自己资金安全的基础上确保合理的投资回报；以证监部门、证券交易所、税务机构为代表的监管者治理，它们通过密切关注市场参与者的遵纪守法状况，在打造健康资本市场环境的同时，有力保障国家的政治经济利益。遵循上述分析框架，本书将对目前聚焦公司外部治理机制的代表性学术成果进行系统总结。

第一节　市场治理机制

　　市场作为"看不见的手"，在资源配置中起到基础性作用，市场机制也是最基础的外部治理机制。市场通过价格发现、资源调配等路径约束规范企业的经营决策方向，引导企业尊重市场规律、敬畏市场力量，否则企业恐怕难以在激烈动荡的市场竞争环境中生存发展。

一、控制权争夺市场

控制权争夺市场又称为控制权转移市场，广义的控制权转移包括兼并收购、公司重组等。投资者通过股权的友好协议转让抑或二级市场敌意收购等路径更换对公司的实际控制权，进而通过改组董事会、变更管理层等方式深度重塑企业的经营决策。以大股东、董事会和管理层为代表的内部控制人忌惮于外部高度竞争且充满活力的并购市场，为了防止控制权转移旁落，他们将更有动力规范自身行为，以忠诚、勤勉的专业态度履行好股东利益代言人职能，从而在保证既有主要股东继续稳定持有股权的同时避免因业绩下滑而在二级市场被敌意捕获的风险，最终捍卫自身的职业生涯和权力稳定，实现代理人利益与委托人利益的协同统一，使传统的委托代理问题在市场的威慑力面前得以缓解。在我国资本市场发展日益完善的大趋势下，企业间的股权转移、兼并收购等资本运作越发频繁，控制权争夺市场将在公司治理中扮演更加重要的角色。正如 Morck 等人（1989）指出的，虽然在传统上董事会被认为是公司治理体系中制约监督管理层经营行为及绩效表现的核心力量，但当行业整体受到外部冲击、陷入发展困境时，董事会职能可能会部分失灵——它无法再通过比较自身公司与行业水平之间的差距来及时调整管理层，此时外部敌意并购市场将上升为替代性公司治理机制，对董事会的监督角色构成有益补充。外部"捕食者"善于利用目标企业的内部控制效率漏洞，及时抓住市场机会变更控制权，这一现实能有效督促相关企业的董事会及管理层认真履行本职工作，健全完善公司治理体系，提高企业经营效率和市场表现，避免企业成为资本市场垂涎的对象，甚至最终因个人职位替换而失业。

学术界通常从并购市场实践角度探索控制权争夺市场环境变化对微观企业公司治理的影响。一方面，活跃的外部敌意并购市场被认为是制约管理层全局观的存在。管理层为了避免企业因短期业绩下滑、股价下跌而在资本市场上被恶意收购股份、改变控制权格局，在并购市场的施压下将更有动力更专注于短期经营变化，从事大量短期投资（如削减研发支出、短期盈余管理等），损害企业的长期发展潜力。另一方面，从积极效应角度来说，并购市场对管理层的实时压力也能有效督促其规范自身行为，控制私利攫取，降低代理成本。由此可见，并购市场对公司治理的具体效应是一个视具体应用情境而定的实证问题。

Masulis 等人（2007）以美国上市公司为研究对象，通过构建公司层面的反并购指数，研究发现市场上更不易遭受并购风险的并购方更有可能出现过度并购投资、帝国构建等现象，相关并购交易的市场反馈消极，股东权益受损。Cain 等人（2017）则基于美国各州的反并购法律体系（如，《企业合并法》《公平价格法》等）构建州级层面的反并购指数，研究发现政府对企业的反并购保护程度越高，企业的治理水平越低，代理成本越高，市场价值越低。Giroud 和 Mueller（2010）以美国各州的《企业合并法》通过为因果识别策略，发现当外部并购威胁降低时，企业公司治理水平下降，管理层明显更加懈怠。此时，外部竞争市场的存在能在一定程度上代替并购市场继续督促管理层积极勤勉地做好企业的经营管理，维护市场份额及业绩表现。事实上，正如 Bertrand 和 Mullainathan（2003）研究指出的，当管理层的外部监督压力减轻时，他们未必必然从事传统观念上的利益侵占、帝国构建等行为，相反，他们还有可能在管理风格上转变为更加消极懈怠，安于现状，而这种"享受生活"的不思进取同样损害股东和企业的长远利益，阻碍股东获得更高的投资回报，值得加以警惕。另外，Atanassov（2013）以美国各州分批通过反并购法案为外生冲击，发现在已通过反并购法案的州，当企业面临的外部并购威胁削弱时，企业的创新动力降低，企业绩效下滑，管理层的道德风险上升，可见并购市场并不必然与企业长期利益冲突。同时，替代性的外部治理机制（如，大股东、机构投资者、债权人、产品竞争市场等）可以在一定程度上起到调节作用，降低负面效应的程度。

从跨国经验证据看，Lel 和 Miller（2015）利用全球范围内并购法案的时间交错，研究发现并购市场有助于加强管理层监管。当并购法案通过后，表现不佳的企业更容易被资本市场并购消化，接管方继而及时更换不称职的董事会及管理层，扭转公司治理劣势局面，提高企业经营管理水平。Khurana 和 Wang（2019）基于国家企业并购法案，研究发现跨国控制权转移市场能有效发挥积极作用，改善公司财务决策，加强董事会治理，进而增强企业会计稳健性。特别是当本土投资者权益保护程度较差时，并购市场的替代治理功能更加显著。

在控制权转移的经济后果上，Wang 和 Xie（2009）研究发现当公司治理较差的企业被公司治理较好的企业收购时，收购方能有效提高被收购方的公司治理水平，产生积极的利益协同与溢出效应。Albuquerque 等人（2019）通过对全球 64 个国家的大样本分析，发现投资者保护水平高的国家对投资者保护水平相对较低国家的跨国并购活动能产生良好的溢出效应，提高被并购方所在国家辖区内其他公司的治理质量、投资水平和企业估值。

二、代理权争夺市场

广义上说，代理权争夺也可看作控制权争夺的一种特殊形态。在不改变公司现有股权结构的前提下，持有异议但又无足够表决权的股东，通过宣传自己的态度和理念获得其他股东的支持，向其公开征集股票委托表决权，最终临时性获得足够的投票权以获得对董事会的控制，从而实现推行自己意志、更换公司管理层或者改变公司现行战略的目的。我国《公司法》允许不能亲自出席股东大会进行投票的股东委托代理人出席股东大会，由代理人向公司提交股东授权委托书并在授权范围内行使表决权。在此政策下，当公司存在多个不同股东利益集团尤其这些利益集团之间持股比例相差无几时，公司内部独立于这些利益集团的股东意向将对公司重大决策及发展战略的走向至关重要。有影响力的股东利益集团通过征集甚至争夺独立股东的股票委托表决权，进而在股东大会表决时获得优势，实现在原有股权结构下成为实际控股股东的目的。因此，代理权争夺可看作公司内部较有影响力的大股东与公司管理层或实际控制人之间争夺控制权的行为。同时，我们也要注意到，法律通常禁止使用有偿或变相有偿的方式向市场公开征集股东代理投票权。

在关于代理权争夺的学术研究上，Fos 和 Tsoutsoura（2014）发现公司股东之间的代理权斗争显著影响现任董事的职业生涯发展，董事在公司内外失去更多席位和机会，在股东斗争中的职业损失巨大。Zhang（2021）以连锁董事为研究对象，发现当连锁董事所在公司遭遇代理权争夺后，关联企业将以此为戒，显著提升公司治理水平，避免成为下一个矛盾焦点，具体措施包括降低超额现金持有、增加股利分配、缩减 CEO 薪酬、减少盈余管理等。由此可见，代理权争夺不仅能有效约束本公司董事会及管理层的代理成本，还能在公司治理网络中显示出有力的溢出效应。

三、卖空机制

卖空机制，也称为做空机制，指市场投资者在预期未来股票价格会下跌即看空股价时，借入证券并在公开市场上先卖出，后在价格低位买回还给借方平仓以获利。由此可见，卖空交易向市场传递出了强烈的股价下跌的信号预期，极易引发公司股东对现有管理层经营管理能力及公司治理质量的怀疑和不满，管理层的职业安全受到严重威胁。同时，卖空压力往往是空穴来风，常常伴随事实上的未来股票价格下跌，股东利益受损，股权结构不稳定性增加，甚至给外部敌意竞争者制造空间，趁机从市场上低价掠夺大量股权，改变公司的控制权格局。因此，公司管理层及其他内部控制人为了避免被资本市场捕获、成为卖空标的，有强烈的动机认真组织企业生产，合法合规经营管理，提高企业内外信息透明度，夯实公司治理质量，提升业绩表现，在支撑股价的同时避免给卖空机构留下把柄，进而获得长期稳定的发展环境。

就经验证据而言，Massa 等人（2015a）通过收集全球 33 个国家的公司股票卖空交易数据，发现卖空机制能够有效通过市场控制权变化威胁发挥对管理层的监督制约作用，抑制包括盈余管理在内的违规违法行为，是行之有效的重要外部公司治理机制。实际上，来自卖空市场看空公司未来发展前景和股票表现的压力不仅能传导至内部实际控制者的经营决策，甚至还能影响具有信息便利的内部人的股票处置交易，即当面临充分竞争的卖空交易市场以及公司具有负面预期时，具有信息优势的内部人可能赶在卖空者出手前更早把股票脱手，此时内部人的交易动态对于资本市场来说有了更强的信号效应（Massa 等人，2015b）。由此可见，如果董事会和管理层怠于履行经营管理职能，他们不仅要面对来自外部市场的抛售风险，甚至对公司内部人也无法妥善交代。Fang 等人（2016）利用美国证监会随机抽取实验对象放松卖空管制这一变革为外生冲击，从因果关系上量化卖空机制的经济效应。他们发现相关入选公司操纵性应计项目余额更低，盈余管理行为更少，内部违规造假行为更有可能被市场捕捉发现。

有时，专业的做空机构不仅自己从事卖空交易，还会向市场公开发布针对目标公司的卖空报告，进一步推动负面信息发酵，甚至故意引发市场恐慌，以使股价如期下跌。因此，企业在面临卖空压力时通常也不会坐以待毙。当卖空报告陈述合理、相关负面事实确乎存在时，企业决策机构会及时行动起来积极整改，扭转不利舆论；当卖空报告涉嫌恶意扰乱股价时，企业也会予以有力反击。Brendel 和 Ryans（2021）基于美国资本市场上的卖空报告，研究发现其中大约只有 1/3 的目标公司会给予回应。当公司股价显著下跌或卖空报告里有新的信息含量时，公司会更积极地回应。而当公司在卖空压力下启动内部调查后，相关公司退市或遭受证监会处罚的概率更高，说明卖空机构的做空交易有一定的合理性，有利于肃清资本市场，提升整体规范水平。当然，虽然专业卖空者通常更擅长发现价值被高估的股票，但当企业自身对卖空者的价值判断并不认同，特别是管理层有更多关于公司未来发展预期的内部信息时，他们可能会通过股票回购这一行为信号向市场传递管理层态度及其对支撑股价的信心。另外，当企业面临卖空威胁时，管理层除了积极反击以外，也可能及时采取措施保护个人利益，如重新设计薪酬激励方案、增加企业反收购条款等，力求稳固内部控制权，抵消卖空交易给个人劳动报酬及职业生涯带来的风险。

就中国资本市场实践来看，我国于 2010 年 3 月底正式启动融资融券试点，通过 7 轮扩容，共有 2110 只标的股票，为学术研究提供了必需素材。在金融政策对实体经济的传导效应上，权小锋和尹洪英（2017）研究发现卖空机制能够显著提升公司的创新产出和创新效率，具体机制是：卖空机制提高了公司内外信息透明度，规范了管理层权力运行，也缓解了市场垄断对企业的负面效应，最终促进企业整体创新效率的提升。围绕卖空机制对公司治理的影响，张璇等人（2016）利用我国 A 股上市公司数据，发现卖空交易能显著降低标的公司财务重述的可能性，卖空市场的存在激发了管理层的紧迫感和危机感，督促其优化对公司的经营管理，同时进入融券目录的股票也吸引更多分析师跟踪关注，这两条路径共同驱动企业减少财务重述行为，提高财务报告水平。顾乃康和周艳利（2017）则从卖空机制的事前威慑角度出发，发现允许卖空的企业新增外源融资（包括权益融资和债务融资）均显著减少，整体财务杠杆下降，企业融资行为受到影响。孟庆斌等人（2019）基于上市公司样本，利用 Bivariate Probit 估计方法发现卖空机制通过提高公司违规行为被稽查的概率形成有效的事前威慑力，最终减少公司的违规倾向。其中，卖空机制对信息披露违规和公司经营违规的约束效力更大，且伴随时间的推移而越发加强。马云飙等人（2021）以我国放松卖空管制为切入视角，发现卖空机制能够显著缓解股权高溢价，压缩内部人（如大股东、董事和管理层）减持的获利空间，进而抑制他们的减持行为，提高股票定价效率。

与此同时，我们还需认识到，我国的融资融券制度并非标准的卖空机制，能入选融资融券标的股票的往往集中在业绩优良、实力稳定的成熟企业，而更容易成为做空对象的 ST 股票却常常不被允许开展融券业务，制约了市场卖空机制监督功能的发挥。

第二节 市场中介治理

资本市场的高效运营还离不开以庞大机构投资者为主体的专业投资者和以分析师、审计师、咨询公司、信用评级机构等为代表的服务中介力量。他们凭借自身优质的专业能力及端正的职业态度，在资本市场中积极发挥信息收集传播、咨询建议和监督约束职能，共同助力打造更加规范、透明、开放、有活力、有韧性的资本市场，大大提高了市场运行效率，是资本市场不可或缺的重要参与者。

一、机构投资者治理

机构投资者指相对于个体普通投资者而言，拥有更高的资产管理水平、更加雄厚的资金实力储备以及相对较大持股规模的专业投资者，通常包括证券投资基金、社保基金、养老基金、证券公司、保险公司、信托公司以及合格境外投资者等参与主体。对于股权高度分散的公司来说，持股比例相对较高的机构投资者甚至可以成为公司重要的外部大股东，并通过派驻董事等方式深度参与对参股公司的经营管理以及公司治理流程，影响企业的发展方向和未来规划。

总体来说，机构投资者可以通过"用手投票"和"用脚投票"两条路径进行直接干预抑或施以退出威胁，进而推动机构意志的实践落地，维护自身投资权益。进一步地，在积极治理路径上，机构投资者通过集中投票权为其话语权增加筹码，以便充分践行咨询、建议及监督职能，提高对公司治理的参与度和影响力；在消极治理路径上，对企业经营不满的机构投资者直接通过市场交易卖出所持股份、退出标的企业，管理层忌于机构清仓在资本市场传递的负面信号效应，进而规范自身行为，维护好与机构股东之间的力量分配格局。

在具体的治理路径上，Aggarwal 等人（2011）通过对全球 23 个国家的机构投资者持股组合的大样本分析，发现机构投资者能显著提高参股公司的公司治理水平及实体经营表现，特别是当机构投资者来自制度背景较好、投资者权利保护意识更强的区域时，机构投资者的治理效应将更加明显。在治理渠道上，首先，机构持股比例较高的公司能更加及时强势地更换不称职 CEO，扭转经营不利的局面，保护企业价值和股东利益。Bena 等人（2017）同样通过跨国大样本研究，发现外国机构投资者能全面促进企业在有形资产、无形资产以及人力资本上的有效长期投资，鼓励研发创新，夯实企业长期发展的潜力。其次，机构投资者能有力约束以大股东、董事会及管理层为代表的内部人控制问题，抑制盲目过度投资，减少控制权私利攫取及利益侵占行为，保护企业自由现金流，提高企业经营效率，创造更多股东价值。再次，机构投资者还能充分发挥其信息收集、处理、分析与解读优势，挖掘更多内外部信息，降低企业与市场之间的信息不对称性，提高企业透明度，增强会计稳健性及提升财务报告质量，进而有助于优化企业的融资环境，扩大融资渠道，降低融资成本，为企业的发展扩张奠定良好的资本基础。最后，具有社会责任感的机构投资者还能有效地把企业社会责任理念传递至参股企业，产生良好的溢出效应，打造以企业社会责任形象促进投资回报的良性循环。

实际上，机构投资者的公司治理效应不仅仅停留在相关性上，Appel 等人（2016，2019）基于美国 Russell 1000 指数与 Russell 2000 指数的构建过程开发出对机构投资者参与效应的因果识别策略。美国基金按投资理念可大体分为主动型基金和被动型基金，主动型基金以寻求并取得超越市场的业绩表现为目标；被动型基金一般选取特定的指数成分股（如，Russell 1000 指数、Russell 2000 指数等）为投资对象，复制指数的市场平均收益水平即可，不主动寻求超越市场的表现，以指数型基金为代表。Russell 指数主要指由美国 Frank Russell 公司推出的美国指数系列，用以衡量、跟踪美国大型股和小型股的表现。

其中，Russell 3000 指数指覆盖在美注册的总市值最大的 3000 家上市公司的资本加权股票指数，Russell 1000 指数是 Russell 3000 指数中市值最大的前 1000 只股票的股票市场指数，而 Russell 2000 指数是 Russell 3000 指数中排名后 2000 名股票的股票市场指数。按照指数型基金的投资策略，追踪 Russell 1000 指数的被动型基金应根据 Russell 1000 指数赋予各股的权重将更多投资份额分配在该指数的头部股票上，而追踪 Russell 2000 指数的被动型基金则相应地应将更多资本分配在 Russell 2000 指数的头部股票上，不论此时的头部股票在规模上都整体小于 Russell 1000 指数里尾部股票的事实。由此可见，每年排名中的 1000 名都是区分指数型基金持股比例的显著断点，断点左右两侧公司在规模、市值等其他指标上都极为相似可比，不同的是因其在各自 Russell 指数中的权重差异而导致的指数型基金机构投资者持股比例差异，进而受到机构投资者的关注度有高有低，而机构投资者有限注意力资源的配置将直接影响其公司治理效果。学者利用此断点两侧股票分配上的随机性构造识别策略，从因果关系上量化机构投资者持股比例的经济后果。现有基于此实证策略的因果性研究成果表明，机构投资者持股比例越高，企业董事会中独立董事比例越高，反收购限制越少，同股同权越普遍，内部人权力范围受到越多约束；现金股利派发越多，管理层对自由现金流的超额控制行为越受到抑制，控制权私利越减少；企业的会计政策和财务政策更加规范，信息披露更加及时，企业透明度提高；企业社会责任承担越多，社会效应越显著。综上所述，机构投资者确乎在诸多公司治理领域发挥咨询、建议和监督职能，是重要的外部治理力量。

在对机构投资者异质性的深层剖析上，根据投资目的和持股期限差异，我们可将机构投资者划分为专注型机构投资者、准指数型机构投资者以及短暂型机构投资者三类。其中，短暂型机构投资者的股权比例过高，可能导致公司经营以牺牲长远发展利益为代价换取短期利益，过度短视主义反而损害公司可持续发展能力。Borochin 和 Yang（2017）研究发现，相较于短暂型机构投资者，专注型机构投资者能有效优化公司未来的治理能力，提升公司的估值水平。

我们也可根据机构投资者的主动性和活跃程度，将其划分为积极型机构投资者和消极型机构投资者，前者以公募基金和对冲基金为代表，后者主要包括各类指数型基金尤其被动型基金。积极型机构投资者有充足的意愿、精力和能力投入企业的战略制定和资源配置工作中，提高长期生产效率和资源利用率。它们为企业的投资扩张建言献策，协助挑选优质标的以撬动协同效应，提高并购价值。同时，它们还会通过与被并购公司董事会之间签订协议的方式，影响目标企业的 CEO 流动、股利派发、经营政策等，帮助目标企业提高绩效表现。积极型机构投资者还可以有效缓解公司的内部人控制和代理成本问题，控制 CEO 的过度激励和帝国扩张倾向，提高企业经营效率。与此相对，消极型机构投资者通常不会直接干预持股企业，但它们的存在也会起到一定的监督作用，包括独立董事任免、反收购条款去除、平等投票权设定等。它们的存在还会激励积极型机构投资者更为主动地参与到对企业的管理干预中，减少"搭便车"现象，在良性互动中推高公司价值。当然，消极型机构投资者的持股比例和监督激励毕竟有限，在发挥外部公司治理作用上常常面临来自控股股东、董事会及管理层的阻碍。

机构投资者除了作为独立个体对持股企业的公司治理发挥作用外，还可能依托纵横相连的社会网络在更广的范围内产生效应。诚然，机构投资者与标的公司之间的关系网络有可能损害其以股东身份投票时的独立性和公正立场，包括对管理层的故意偏袒。但从主流来说，机构投资者之间的关系网络有助于将分散个体联合起来，聚集投票权协同发声，作为整体强化外部治理功能。另外，机构投资者作为投资主体的共同持股有助于促进信息在多个持股标的间流动分享，推动相关企业的战略合作，共同提高产品市场占有率。通过多重持股积累丰富经营经验的机构投资者还能参与到企业管理层任免、行为决策、信息披露等事务中，提高企业的经营管理水平，增强市场流动性。

当然，机构投资者之所以如此积极地参与企业的监督治理工作，背后离不开即时的经济激励驱动。Lewellen 和 Lewellen（2022）聚焦机构投资者参与企业监督治理工.作背后的财务利益，研究发现持股企业质量会影响其资产配置决策以及资金流动状态，进而影响其管理费等收入的收取。除此之外，如果机构投资者持股公司被曝光财务违规行为，市场会质疑其专业操守和监督能力，进而调整对其名下其他资产组合的价值评估，甚至抽离资金，给机构投资者的资本运作造成实质性影响。因此，在经济利益及市场惩罚的额外推动下，机构投资者也会积极在资本市场中做好外部治理工作。

二、服务机构治理

资本市场的健康有序发展还离不开以分析师、审计师、咨询公司、信用评级机构等为主体的市场服务人员和机构。他们以更为客观公正的独立第三方视角，向市场提供咨询建议、核查鉴证、信用增级等服务，进一步消除市场参与者之间的信息不对称，营造更为透明、健康的公司治理外部环境。

在企业的公司治理实践中，相对独立于公司之外的外部专业市场分析师常常扮演着重要角色，他们基于大量的信息收集和实地调研工作，积极向市场提供高质量的分析报告，指导投资者优化交易决策。分析师通过信息中介职能和外部监督职能的发挥，有效约束内部人的盈余管理等自利行为，提高公司透明度，降低市场主体间的委托代理成本。

为了科学量化分析师角色对公司行为的因果效应，以 Hong 和 Kacperczyk（2010）为代表的研究人员开发了一个对于分析师覆盖相对外生的冲击事件为因果识别策略，即伴随券商合并及关闭，分析师队伍裁汰整合，企业的分析师覆盖减少。他们研究发现，伴随分析师覆盖的减少，市场竞争减少，分析师报告预测偏差显著提高。基于同样的识别策略，Irani 和 Oesch（2013）研究发现分析师覆盖减少会导致企业财务报告质量下降，信息含量减少，且在股东权利保护水平较低的企业中此负面效应更加明显，显示出分析师治理与其他公司治理机制之间存在替代效应。Derrien 和 Kecskés（2013）考察了分析师覆盖对企业实体运营的冲击，发现外部分析师追踪减少后，企业与市场的信息不对称程度加剧，企业的融资成本上升，融资规模及投资水平下降，企业未来发展空间受到影响，更易错失市场机会。Chen 等人（2015）从股东权益和代理成本视角，研究发现分析师对企业保持关注能有效抑制企业内部管理层对股东利益的侵占行为，具体表现在自由现金持有、CEO 超额薪酬、过度投资与盈余管理等。当企业失去分析师监督后，市场会及时调整对其代理成本预期，并嵌入股票价格中，最终影响股东利益。

为了提高企业透明度、提升市场价值，管理层会主动对外披露更多高质量信息，在弥补分析师关注不足的同时，与外部信息中介形成合力，减少企业与外部资本市场的信息不对称性，增强股票流动性，拉升公司的市场估值。从分析师角度，现有研究发现分析师与目标企业之间的地理距离是影响企业分析师覆盖度及市场可见度的重要因素，分析师更偏好对本地企业施以更多的追踪关注，并能充分利用地缘优势下的信息便利，在分析报告披露上更加灵活。同时，他们也可以借助飞速发展的交通运输网络增加对目标公司的实地调研走访，更为积极主动地收集更多企业软信息，增强信息生产、分析能力，在提高分析报告准确性和投资建议质量的同时进一步加强对目标公司的监督约束。从业界实践角度，我们还可以观测到专业公司治理分析师的存在，他们充分发挥专业优势，更加专注于企业的公司治理问题，向市场传递高质量的公司治理分析报告，监督约束企业改善公司治理，进而收获更广阔的融资市场和未来发展机会，在提高投资者认可度的同时提升企业价值。

除分析师外，审计师也是资本市场中必不可少的服务中介组织。值得一提的是，在公司治理领域提到的审计机构一般指会计师事务所，此时审计师即是事务所里由注册会计师领衔的审计业务团队。我国《公司法》规定，公司应当在每一会计年度终了时编制财务会计报告，并依法经会计师事务所审计；公司应当向聘用的会计师事务所提供真实、完整的会议凭证、会计账簿、财务会计报告及其他会计资料，不得拒绝、隐匿、谎报；监事会（监事）发现公司经营情况异常，可以进行调查，必要时可以聘请会计师事务所协助其工作。由此可见，以主持审计项目、发表审计意见、签署审计报告为核心要务的审计师（注册会计师）以独立、客观、专业的视角对企业财务报告进行信息鉴证，确保企业真实、准确、完整、及时地向外部投资者披露企业的财务状况和经营成果，在完善资本市场和改善公司治理中发挥重要作用。

在审计研究领域，DeFond 和 Zhang（2014）围绕审计质量进行了非常系统全面的文献综述。他们将审计质量定义为财务报告质量的更高鉴证程度，主要受企业内在特征与财务报告体系质量影响。审计质量的度量指标一般包括基于产出的审计质量指标和基于投入的审计质量指标两大类，前者主要包括重大错报、审计意见、财务报告质量、政府监管等，后者主要指事务所资质及实力、审计费用、审计时间投入等。在此分析框架指引下，学者们对审计师与公司治理研究做了很多有益的探索，为业界实践贡献了大量的经验启发。

蔡利等人（2015）指出，审计师能够有效识别企业的真实盈余管理，并将其作为风险因素在审计业务承接和审计定价决策中加以考虑。当事务所对企业真实盈余管理下的审计风险评估为可接受时，事务所更倾向于保留客户并通过额外增加审计时间、更换审计团队等策略来降低审计风险。Lennox 等人（2016）研究发现，年末审计调整有助于平稳盈余水平，增强绩效表现的持续性，提高整体盈余质量。当然，管理层也有可能利用自身的财务会计知识储备鼓励扭曲企业信息披露、降低财报质量、增加财务风险。因此，在审计质量提升上，我们必须加强对事务所质量、声誉、地理距离、在任期限等因素的综合考虑，始终关注审计师的独立性地位，确保其能以专业、严谨的职业态度切实履行对受托企业的监督、鉴证职能。

知识经济时代，资本市场上不断涌现的各类专业咨询公司也是企业公司治理的重要外部参与者。Malenko 和 Shen（2016）、Malenko 和 Malenko（2019）研究发现，投票咨询公司能通过对公司及行业信息的充分收集和专业分析，为股东投票决策建言献策，帮助股东为管理层定制效率更优的薪酬激励体系，在帮助企业节约管理成本的同时提高管理层的积极性和工作效率。Murphy 和 Sandino（2020）考察了公司薪酬顾问对 CEO 薪酬设置的话语权，通过实证研究发现，股东会充分重视薪酬顾问的专业建议，基于薪酬顾问的专业建议优化 CEO 薪酬的规模和结构，特别是当薪酬顾问具有更强的独立性和更高的可信度时，其影响效应更明显。

最后，信用评级机构也是资本市场上重要的服务中介机构。信用评级也称资信评级，是由独立的评级机构对影响债务工具发行主体和债务工具（即受评对象）的信用信息进行采集、加工、处理和分析研究，并就受评对象的债务偿还能力和意愿进行综合性预测和评价，用简单明了的符号表示其信用风险的大小。信用评级机构是信用评级的主体，在进行信用评级业务时具有独立性和专业性，有助于缓解参与主体间的信息不对称，揭示受评对象的信用风险，提高市场交易效率，促进公平交易，在完善社会信用体系建设的同时起到改善微观企业公司治理的作用。Caton 等人（2011）、李琦等人（2011）等研究发现，信用评级机构能有效"刺穿"企业的盈余管理行为，震慑企业放弃无效的误导企图，把时间和精力投入切实改进公司财务质量的工作中。

第三节　其他治理机制

一、新闻媒体治理

以电视、报纸、杂志等为代表的传统媒体，和以微博、微信、公众号等为代表的新型社交媒体通过对信息的采集、分析、披露及传播，来影响、协调公司治理框架下各参与主体间的相互关系，在发挥降低信息不对称性、提高市场透明度的信息中介职能的同时，践行对市场主体的监督约束功能，并通过自身引导舆论走向的可能性进一步加强对企业管理层等内部控制者的有效威慑，是重要的外部公司治理力量。

媒体对资本市场的作用主要通过自身发挥信息中介职能进行传导。媒体通过广泛的新闻报道活动收集、加工并传播信息，提高信息传播效率，塑造资本市场赖以生存的信息环境，降低由信息不对称导致的效率损失。媒体还可以通过为信息知情者（如，内部员工、外部分析师等）搭建信息中转平台，充分挖掘集体智慧，在提高信息含量的同时进一步促进特质性信息的传播，提高资本市场的定价效率。Peress（2014）基于跨国研究，以报刊媒体罢工为外生事件，实证媒体在金融市场中扮演的重要角色，即媒体罢工后，股票交易量显著下降，股价内嵌的信息含量减少，市场效率受损。

媒体报道能吸引甚至有意识地引导投资者有限的注意力，进而影响其投资分配的行为决策，拉升股票交易量，增强市场流动性。媒体报道还可以将好消息的价值迅速嵌入股票价格中，提高定价效率，减小盈余惯性。具体来说，媒体报道通过向市场释放定价信息，调整投资者对企业会计信息质量以及未来盈利能力的预期，并及时将其反馈到股票价格中。同时，媒体将更多公司层面的特质性因素嵌入股票价格中，降低流通市场上的股价同步性，进一步提高资本市场的定价效率。在实现途径中，媒体通过调整其遣词造句、语气语调、报道倾向等方式，潜移默化地影响信息受众对企业基本面的认知以及对经营风险的感知，进而影响股票价格及交易量。

除对个人投资者有影响外，媒体报道同样会影响专业机构投资者的交易行为。Huang等人（2020）将美国机构投资者的高频交易数据与新闻报道数据库相结合，发现机构投资者擅长迅速从媒体报道的语气语调中提取关键信息，并相应调整投资策略，以取得良好的预期回报。机构投资者也在反应敏捷的信息处理过程中促进价格发现，提高市场运行效率。事实上，在人工智能与大数据科技蓬勃发展的时代背景下，不仅是传统媒体从业者，新闻机器人同样能通过处理、编辑并发布标准化的新闻报道，促进信息传递，提高市场交易水平。智能机器人将解放记者，使之专注于更复杂、更有技术含量的报道工作，提高新闻传播效率，促进数字媒体的跨越发展。当然，我们也必须认识到媒体报道的"双刃剑"效应，特别是对于信息甄别能力不足的个人散户来说，缺乏实质信息的新闻报道反而会扰乱行为决策，阻碍投资效率最优化。

媒体在尽职尽责对市场信息进行收集与传播的过程中，同时践行着对市场主体的监督职能。从公司内部监督看，媒体的尽责调查与深度曝光能有效遏制公司的徇私、欺诈、舞弊等违规操作，规范高管薪酬设置，提高董事会运作效率，约束内部人交易，优化包括现金持有与投资决策、兼并收购、税收筹划在内的资源配置行为。

在对外部第三方服务中介的监督上，媒体报道通过提高目标企业的公众曝光度对外部审计师产生执业压力，促使其更加考量审计失败的风险成本，收取更高的审计费用以纳入更多的审计程序，并采取更稳健的审计方式，谨慎发表审计意见。尤其当审计客户遭遇媒体负面报道时，审计师易调整对企业破产及诉讼风险的预期，发表更为保守的审计意见，变更审计师，甚至解除业务关系。除会计师事务所外，信用评级机构也会动态评估声誉风险，更为及时、准确、稳健地发表客户单位的评级等级和违约风险。

受益于媒体监督下的信息透明度提高与公司治理改善，企业能在资本市场上获得更优越的融资成本，增强发展竞争力，同时在媒体压力下承担更多企业社会责任，如，增加环保投资、加强环境治理。但媒体压力也可能扭曲企业正当的长期发展规划，迫使管理层顾忌即时业绩表现而滋生短视行为，如，操纵应计项目的盈余管理、减少企业创新研发投资，从长远角度看损害企业的可持续性发展能力。

世界范围内，绝大多数媒体的最终控制权都掌握在政府或私人家族手中，媒体因其特殊且高度集中的所有权属性天然易遭受政治压力，弱化本应发挥的监督职能，扭曲市场运行效率。除政治压力外，媒体还会受到来自企业的压力。企业为了维护自己的声誉资本，极有可能在重要时点积极向媒体施压，以推迟甚至封锁负面新闻的披露，阻碍媒体在资本市场上充分发挥信息中介和市场监督职能。举例来说，上市公司在并购交易中，为了操纵股价以攫取谈判优势，可能会驱使媒体在交易公开披露日前加大新闻报道力度，在鼓吹造势中达到抬高股价的目的。上市公司还有可能在再融资前夕与媒体合谋炒作推高股价，获得额外收益后，公司股价回落，损害市场效率。

与此同时，媒体记者、主编等从业者也有可能不顾职业素养与道德操守，从事不正当行为，如向公司威逼利诱、索要贿赂，甚至明目张胆地敲诈勒索。从概念看，媒体偏差指媒体从业者在从事实到新闻报道的加工过程中施加的足以影响读者事实判断的系统性偏差，具体形式上包括从遣词造句、语气语调、情感倾向等方面对客观事实施以主观影响。从报道质量看，相较于以政治导向为主的官媒，市场化程度较高的商业媒体更能充分发挥对资本市场的外部监督功能。

关于媒体偏差的影响因素，除了相对外显的因素，比如，媒体为了竞争市场份额而迎合读者需求，为了提高广告收入而与利益相关方合谋，或是受政治压力驱使等，还存在一条更为隐蔽的关系链，包括资本市场大鳄收购媒体集团形成"股权链"、媒体与企业通过信息披露等业务关联形成"业务链"，以及媒体与企业管理层之间存在私人社会关联，这些更为隐蔽复杂的关系链同样能对关联媒体报道的信息含量、态度倾向，以及可靠程度产生重大影响。综上所述，我们在关注新闻媒体的公司治理功能的同时，必须高度认识到媒体角色的复杂性甚至双重性，去伪存真、去粗取精，引导媒体充分发挥其积极治理作用。

二、产品竞争市场治理

作为自主经营、自负盈亏、独立核算的法人组织，公司能长久存续发展的关键在于最终能顺利通过市场检验，完成与消费者的成功对接，并形成稳定牢固的生产销售闭环。产品竞争市场不仅能帮助企业动态调整经营方向，探索出最符合企业实际且利益最大化的商业模式，维护市场份额和市场地位，还为检验企业经营效率与治理质量提供了绝佳的客观场景。以大股东和管理层为代表的内部控制人通常无法隐瞒市场竞争失败下的企业价值损失，他们必须努力勤勉地工作，一方面带领企业在竞争市场中生存并发展，避免自身因企业经营失败而被解聘辞退丧失工作机会；另一方面，来自市场的实际经营业绩对比也能客观传递管理层的职业能力和业务水平信息，直接影响管理层在外部职业市场的声誉和发展机会。由此可见，产品竞争市场是另一行之有效且鲜受内部人操纵的外部公司治理机制，特别是当公司内部治理结构尚未建立完善时，来自产品竞争市场的监督约束力量将实际扮演更为重要的公司治理角色。

现阶段就产品竞争市场治理效应的研究主要集中在行业层面。Giroud 和 Mueller（2011）研究发现，行业竞争环境可以有效督促企业时刻保持警醒，提升生产效率，降低成本费用，增强投资有效性，创造良好的经营绩效，以在激烈的市场竞争中生存发展，维护良好的市场形象。他们指出，充分的外部行业竞争生动诠释了物竞天择、适者生存的商业文化，驱动管理者始终保持危机意识和战斗姿态，提高企业的经营管理水平，因而是切实有效的替代性治理机制。对此，Dasgupta 等人（2018）也提供了支撑性经验证据，他们发现当行业竞争加剧时，企业 CEO 的变更概率提高且对绩效的敏感性增强，尤其在公司治理质量较差的企业；新进 CEO 通常拥有更优的从业背景，能为企业的生产经营改善贡献力量。当然，产品竞争市场也有可能对公司治理产生负效应。王红建等人（2015）研究发现，当管理层预期公司盈利水平低于行业平均盈利水平时，特别是当企业面临更大的产品市场竞争压力时，管理层更有动机进行正向盈余管理，美化自身业绩。曾伟强等人（2016）对行业竞争程度进行更为细致的划分，发现当行业竞争程度较低时，行业竞争与企业盈余管理呈现负相关，体现出外部治理效应；但当行业竞争程度较高时，行业竞争将诱导企业进行正向盈余管理，在处于竞争劣势的国有企业中诱导效应尤为明显。另外，在对行业竞争程度及竞争对手的识别刻画上，除了传统的赫芬达尔指数等，Hoberg 和 Phillips（2016）通过对企业公开信息披露中主营产品的文本分析构建了产品相似性指数，进而更为科学地确定了企业的竞争对手和竞争优势，量化了行业竞争对企业经营政策的影响。

当然，对产品竞争市场的关注不应仅仅局限在行业层面。实际上，行业层面的竞争态势在整体商业周期中已经是最后一环的竞争结果，我们更应该把注意力前移，探索竞争局面背后的深层驱动因素：企业为何选择该竞争市场，又为何在商业竞争中居于优（劣）势？此时，消费者及潜在市场的重要性便凸显出来。在市场经济中，顾客资本是企业赖以生存的基础性无形资产，客户关系是企业在市场竞争中保持优势地位的关键，对现存及潜在消费群体的高度重视贯穿企业从创业到守业的全生命周期。在创业伊始，创始人及其合作团队亟须敏锐把握消费者需求，找准赛道，选择最具比较优势的产业及行业方向。在创业过程中，企业更需实时跟进消费市场上的需求动态，根据消费者反馈及时调整生产计划，改进产品设计，深耕功能创新，以更符合用户需求，进而在市场竞争中居于优势地位。同时，企业还需高度重视消费者关系维护。企业与消费者之间高质量的互动关系不仅有助于保持客户基础持久稳定，还能为企业收集更为积极且富有建设性的用户反馈，帮助企业进一步改善产品研发，提高服务质量，在瞬息万变的市场中巩固并扩大竞争优势。由此可见，消费者是企业不可忽视的驱动力量，通过消费者群体收集、积累的大数据资源就构成了企业不可复制的专用资产。

受限于大样本及度量维度的可得性，现有公司治理研究中聚焦消费者治理的学术成果还相对有限。Huang（2018）基于从亚马逊网站上收集的共计 1450 万条顾客产品评价数据，通过科学严谨的数据挖掘和数据分析，发现消费者评价对于资本市场来说具有额外信息含量，消费者评分对于企业未来的营业收入及利润状况具有显著预测力，值得市场在做企业基本面分析及股价走势展望时加以重视。Dai 等人（2021）研究发现，消费者在企业及其供应链系统中扮演重要角色，注重企业社会责任的顾客群体能显著影响企业对包括供应商在内的合作伙伴的选择过程，进而使得社会责任观沿企业供应链传播扩散，在提升整体社会责任承担水平的同时改进经营绩效表现，共同提高企业价值。虽然目前关于消费者治理效应的大样本实证研究相对缺乏，但我们可以预期，伴随数字技术的崛起，会有越来越多的企业、机构、中介组织参与消费终端信息的挖掘开发，来源各异的结构化和非结构化数据将被更为高效、高频、高质量地捕捉收集，为未来学术研究奠定扎实的数据基础和提供充分的研究条件。

三、债权人治理

企业主要的外源性债务融资渠道一般包括向银行申请的中长期贷款，以及以企业为主体面向市场发行的各类公司债券，约定在一定期限内还本付息。因此，以银行、机构投资者为代表的债权人同样是企业资金的重要提供者，他们既是企业经济利益的分享者，也是企业经营风险的共担者。当企业因经营不善陷入重组或破产清算困境时，债权者的资金安全和合理回报同样未必能得到足额保障。因此，债权人虽然一般无权直接干预企业经营，但也是公司治理质量改善的重大受益者，在公司治理体系中扮演重要角色。他们通常在与企业签订债务契约时即明确自己介入公司治理的时机、方式和程度，并通过各种保护性条款（具体包括肯定条款、消极条款和财务条款）对内部控制人施以必要限制，减少后者对企业自由现金流的低效滥用甚至挥霍浪费。

就治理矛盾来说，不仅债权人需面对传统股东与管理层之间的委托代理成本，而且管理层有可能以损害企业利益为代价攫取控制权私利，随意支配企业自由现金流量，过度投资甚至进行帝国扩张，在损害股东与公司整体利益的同时也在侵害债权人利益。同时，他们也面对着自身与股东及管理层之间的新型利益冲突，即债务代理成本，具体包括两种典型形式：一是当企业股东与债权人之间存在利益冲突时，管理层代表股东利益选择高风险的投资项目，特别是当企业陷入财务困境（如高杠杆）时，股东甚至有动机投资于净现值为负的高风险项目，这就提高了债务资金的实际风险水平，把债权人的财富转移到股东手中；二是当公司债务比例很高，尤其债务中附带优先获得现金流权的条款时，股东常常会放弃净现值为正的无风险或低风险项目，由债务悬置引发的投资不足矛盾就会产生。

当然，整体来说，来自债权市场的债权人监督仍然是一种行之有效的约束机制，在公司治理中发挥重要作用。债务合同下相对严格的本息按期偿还压力能有效发挥硬预算约束功能，约束管理层的利益侵占和过度投资，减少对自由现金流的浪费，以防企业因无法按期还款而面临债权人接管控制权的风险。同时，债务合同中的各种一般性及特殊性保护条款也能通过对借款企业提出一些有助于保证借款按时足额偿还的条件（如，流动资金保持量、限制其他长期债务、定期提交财务报表等），起到对其经营行为的监督制约作用。最后，债权人还能充分利用破产清算机制及时收回对举债企业的实际控制权，解散不称职的管理团队，尽可能地减少投资损失。

从学术研究视角看债务违约的经济后果，Roberts 和 Sufi（2009）基于对美国上市公司债务合同条款违约数据的研究，发现当企业违反债务合同条款规定时，企业控制权将依据信贷合约向债权人转移，债权人权力加强，采取包括加速贷款收回、提前终止信贷合同等在内的应对措施。企业后续在债务资本市场上的融资能力下降，贷款利率上升，资金来源减少，新增净债务水平下降，由此，企业信贷违约会加剧企业与其债权人之间的利益冲突，进而影响未来公司金融及公司治理政策。Vig（2013）以印度证券化改革为背景，发现当债权人权力加强时，企业将相应调整投融资政策，尤其减少担保贷款及降低总负债水平，缩短负债到期日，缩小企业扩张规模，同时在企业内部增强流动性，以避免流动性危机下企业控制权向债权人倾斜的可能。Ersahin（2020）则发现，强劲有效的债权人保护能显著帮助关联企业放松融资约束，扩大融资渠道，缓解企业对陷入财务困境可能性的忧虑，进而鼓励企业适度承担经营风险，积极更新生产技术，提高全要素生产率。当然，对债权人的权利保护必须坚持适度原则。债权人天然具有突出的投资谨慎、风险规避特征，其过于稳健保守的行事偏好可能会抑制勇于冒险、创业创新的精神风貌，创业者不愿利用债务融资为企业成长提供更加充分的资金支持，企业的发展潜力及上升空间就会受到限制，这不利于社会创新文化的培育发扬，对经济结构的转型升级也具有一定的制约。由此可见，我们应深刻认识到债权人治理机制的两面性，在实践过程中通过对信贷合约的优化设计扬长避短，激发债权人治理的积极效应。

在债权人治理的具体路径上，控制权转移背景下债权人对企业日常经营决策的深度参与有助于加强对管理层的监督约束，控制管理层自利下的委托代理成本，增强企业会计稳健性和提高企业财务报告质量，限制内部控制人的投机行为及其对债权人利益的侵占剥削。此外，在公司投融资政策上，债权人涉入威胁能显著降低公司投资决策的风险承担水平，甚至导致公司盲目从事低价值收益的分散化投资。企业会显著降低并购、资本支出等的投资规模，调整负债水平及股利发放政策，必要时更换 CEO 以扭转经营局势。除此之外，Ersahin 等人（2021）利用美国统计局的微观企业数据，发现企业在债务违约后会及时调整经营政策，优化企业资源配置，关闭非必要生产线，裁汰冗员，收缩过度投资，提高生产经营效率，逐步修复企业价值。由此可见，债权人治理可以作为企业传统委托代理成本的替代性治理机制。

银行信贷在企业债务融资中的比例举足轻重，以银行为代表的金融机构也在债权人治理中扮演重要角色。银行在其信贷资源发放过程中，通常会在事前全面评估拟授信对象的基础信息、股权情况、经营模式、财务状况、重大事项、资金需求等各项指标，全面、动态地判断借款人的还款能力及还款意愿。在贷款发放后，银行会继续积极参与信贷管理，要求企业定期报送财务信息，及时与第三方审计师、分析师等沟通交流，并适时开展现场调查和实地分析，切实履行监督职能，提升企业财务质量和经营表现，确保自己能按期收回本金并取得合理投资回报。除此之外，银行关联董事也能从个体层面积极履行监督建议职能，特别是在产业政策不支持行业的企业中，银行关联董事能更加有效地发挥监督作用，通过对董事会的重大投资决策投非赞成票的方式阻止企业过度投资，进而促进企业价值提升。当然，银企信贷关系在建立过程中离不开人的参与，而关系网络下的人际关系有可能诱发新的委托代理成本，扭曲正常的资质审查、信贷发放流程。对此，Hertzberg 等人（2010）提出，在银行内部建立信贷专员定期轮换制度对于遏制信贷决策中的道德风险具有重大意义，能有效规范和约束信贷专员以专业、客观的职业态度从事贷款审批工作，遏制他们利用职位便利向资质不够的贷款人发放人情贷款、关系贷款等行径，维护银行的贷款利益。他们还发现信贷专员轮岗前的信贷审核报告描述更为精确，披露风格更为稳健，具有更高信息含量，表明来自岗位轮换的压力能有效规范信贷专员的工作流程，以免留下职业污点而被继任者发现，影响自己的职业声誉和职位安全。

四、监管者治理

最后，我们还需认识到，由于信息不对称以及市场外部性的存在，市场失灵现象时有发生。同时，在快速发展创新的资本市场实践下，法律体系可能会落后于社会实践，表现出不完备性，因此，引入政府权威、加强政府监管是不可或缺的外部公司治理机制。政府监管通常包括法律监管、行政监管、市场环境监管以及信息披露监管。从政府监管的经验证据看，Kedia 和 Rajgopal（2011）研究发现，在监管力度上，受时间、精力等资源约束限制，美国证监会（SEC）对距离较近的上市公司更能施以包括实地调查在内的有效监管，相关企业在会计政策上风格更为稳健，财务重述明显减少，以免成为监管机构的关注对象。Bens 等人（2016）研究发现，证监会发放的公允价值问询函能有效降低企业在公允价值披露时的不确定性程度，增强会计稳健性，帮助市场投资者建立合理预期。Kubick 等人（2016）聚焦企业税务筹划，发现监管机构能有效识别高税务筹划企业，并以向企业发放问询函的方式警示其遵纪守法、合规经营。实际上，监管机构的有效监管不仅发生在企业成功上市后，还贯穿于拟上市企业的准备工作期间。Lowry 等人（2020）研究发现，证监会在企业上市前夕即已密切关注其关键信息披露质量，尤其关乎企业长期经营发展潜力的收入认定部分。监管者的充分关切有助于提高企业信息披露透明度，但同时也可能延迟企业的上市进程。

近年来，基于中国资本市场监管环境的研究发现，对上市公司违规情况的监管有助于提升公司透明度，降低市场不对称性，将更多高质量的企业异质性信息嵌入公司股票价格中，提高市场定价效率。收到交易所财务报告问询函的上市公司显著减少其盈余管理行为，减少幅度与收函次数呈正相关。此外，被问询公司事后还会更为积极地向市场披露预测精确度更高、文本质量更好的业绩预告，特别是当问询内容越严肃、回函措辞越详细时，提升效应越显著。

Reference
参考文献 ————————————————————————————

[1] 叶怡雄 . 企业财务管理创新实践 [M]. 北京：九州出版社，2021.

[2] 王莹，李蕊，温毓敏 . 企业财务管理与现代人力资源服务 [M]. 长春：吉林出版集团股份有限公司，
 2022.

[3] 李婉丽，雷永欣，闫莉 . 企业管理会计与财务管理现代化发展 [M]. 北京：中国商务出版社，2022.

[4] 寇改红，于新茹 . 现代企业财务管理与创新发展研究 [M]. 长春：吉林人民出版社，2022.

[5] 张立恒 . 创新视角下的企业管理与运营 [M]. 长春：吉林出版集团股份有限公司，2022.

[6] 曾召庆，刘伟，韩建鹏 . 当代企业管理与财务经济研究 [M]. 北京：文化发展出版社，2022.

[7] 张阳，王一柳，章泓 . 企业管理理论与应用研究 [M]. 长春：吉林人民出版社，2022.

[8] 何荣宣 . 公司治理概论 [M]. 北京：北京理工大学出版社，2021.

[9] 连波，杜林慧 . 现代企业管理基础与实务的创新研究 [M]. 中国原子能出版社，2021.

[10] 王锦 . 基于增加价值的企业治理理论与实证研究 [M]. 合肥：合肥工业大学出版社，2020.

[11] 张娜 . 中国文化产业上市公司治理研究 [M]. 北京：研究出版社，2022.

[12] 唐静，许陈生，李晓莉 . 公司治理原理与案例 [M]. 广州：广东高等教育出版社，2020.

[13] 董屹宇 . 风险资本、公司治理与企业技术创新——基于要素密集度行业差异性的研究 [M]. 上海：
 立信会计出版社，2021